Marketing e divulgação da pequena empresa

■

COMO O PEQUENO E O MICROEMPRESÁRIO
PODEM CHEGAR À MÍDIA

1ª edição: 2001
2ª edição: 2004
3ª edição: 2006
4ª edição: 2009
5ª edição revista e atualizada: 2010

Dados Internacionais de Catalogação na Publicação (CIP)
(Câmara Brasileira do Livro, SP, Brasil)

Chinem, Rivaldo
  Marketing e divulgação da pequena empresa : como o pequeno e o microempresário podem chegar à mídia / Rivaldo Chinem. – São Paulo : Editora Senac São Paulo, 2001.

  ISBN 978-85-7359-826-1

  1. Comunicação de massa 2. Marketing 3. Microempresas – Marketing 4. Pequenas e médias empresas – Marketing I. Título.

02-0159   CDD-658.0220688

Índices para catálogo sistemático:
1. Marketing : Microempresas : Administração
   658.0220688
2. Marketing : Pequenas empresas : Administração
   658.0220688
3. Microempresas : Marketing : Administração
   658.0220688
4. Pequenas empresas : Marketing : Administração
   658.0220688

Rivaldo Chinem

Marketing e divulgação da pequena empresa

■

COMO O PEQUENO E O MICROEMPRESÁRIO
PODEM CHEGAR À MÍDIA

5ª edição revista e atualizada

Administração Regional do Senac no Estado de São Paulo

Presidente do Conselho Regional: Abram Szajman
Diretor do Departamento Regional: Luiz Francisco de A. Salgado
Superintendente Universitário e de Desenvolvimento: Luiz Carlos Dourado

Editora Senac São Paulo

Conselho Editorial: Luiz Francisco de A. Salgado
　　　　　　　　　　Luiz Carlos Dourado
　　　　　　　　　　Darcio Sayad Maia
　　　　　　　　　　Lucila Mara Sbrana Sciotti
　　　　　　　　　　Marcus Vinicius Barili Alves

Editor: Marcus Vinicius Barili Alves (vinicius@sp.senac.br)

Coordenação de Prospecção e Produção Editorial: Isabel M. M. Alexandre (ialexand@sp.senac.br)
Supervisão de Produção Editorial: Pedro Barros (pedro.barros@sp.senac.br)

Preparação de Texto: Fátima de Carvalho
Revisão de Texto: Izabel Cristina Rodrigues, Márcio Della Rosa, Rita de Cássia Lopes
Editoração Eletrônica e Capa: Antonio Carlos De Angelis
Ilustração da Capa: Keydisc Comércio e Representações Fotográficas Ltda.
Impressão e Acabamento: Rettec Artes Gráficas

Gerência Comercial: Marcus Vinicius Barili Alves (vinicius@sp.senac.br)
Supervisão de Vendas: Rubens Gonçalves Folha (rfolha@sp.senac.br)
Coordenação Administrativa: Carlos Alberto Alves (calves@sp.senac.br)

Proibida a reprodução sem autorização expressa.
Todos os direitos desta edição reservados à
Editora Senac São Paulo
Rua Rui Barbosa, 377 – 1º andar – Bela Vista – CEP 01326-010
Caixa Postal 1120 – CEP 01032-970 – São Paulo – SP
Tel. (11) 2187-4450 – Fax (11) 2187-4486
E-mail: editora@sp.senac.br
Home page: http://www.editorasenacsp.com.br

© Rivaldo Chinem, 2001

Sumário

Nota do editor, 7

Apresentação, 9

Capítulo I
    Esquentando os motores, 11

Capítulo II
    Ganhando dinheiro, 35

Capítulo III
    Pensando bem..., 77

Glossário de mídia externa, 83

Nota do editor

Das empresas comerciais em atividade no Brasil, as pequenas e as microempresas constituem grande maioria, não apenas pela quantidade de estabelecimentos abertos, mas também pelo número de trabalhadores que empregam: mais de 40 milhões, a receberem 42% do total de salários pagos no país. Elas respondem por 30% do Produto Interno Bruto (PIB) e têm muito poder de distribuição de renda, na medida em que incluem no processo de produção os menos favorecidos e lhes dão novas oportunidades.

Essas empresas não dispõem de recursos que lhes permitam a divulgação de seu serviço pelos métodos publicitários das empresas maiores, como anúncios em jornal, rádio e tevê, mas têm compensações que o autor expõe aqui, proporcionadas pela proximidade do cliente, o contato direto, o olho no olho.

Essa proximidade cria para as empresas de pequeno porte a obrigação de um planejamento profissional de marketing, instrumento indispensável para fixar objetivos, definir estratégias de preços e de vendas, controlar orçamentos e evitar improvisações. Rivaldo Chinem, jornalista especializado na área de comunicação empresarial, consultor de empresas e condutor de cursos em entidades e universidades, indica com objetividade e clareza o caminho do planejamento.

Com este livro, o Senac São Paulo contribui mais uma vez para enriquecer a bibliografia referente ao marketing das pequenas empresas brasileiras.

Apresentação

Só o grande empresário precisa se comunicar com o público; o pequeno empresário está fora desse processo, certo? Errado. As empresas de pequeno porte, a média e a microempresa necessitam da comunicação tanto ou mais que as megaempresas, e melhor seria se lidassem com um profissional. Nesse tipo de negócio, não se admite a presença de amadores.

Comunicação é como futebol, todos dão palpite, pensam que entendem. Mas a comunicação, como é o instrumento mais precioso de uma empresa, não pode depender de palpites. Há diferenças sutis entre a publicidade e o trabalho de divulgação de uma assessoria de imprensa: enquanto a primeira paga, a segunda se conquista.

A comunicação empresarial é uma atividade fascinante que tem por obrigação acompanhar as transformações no mundo. O empresário tem que pensar grande – esse é o primeiro passo para o seu crescimento. E é isso que veremos neste livro.

O empresário vai conhecer um pouco mais o universo da mídia e, com astúcia e sensibilidade, poderá empregar seu potencial para divulgar cada vez mais sua empresa e seus negócios.

Trata-se de uma leitura para o empresário que precisa ter sucesso em seu empreendimento. Não há milagre, avisa o autor, mas todo empresário vai pensar um pouco mais na comunicação como instrumento de gestão e, assim, fazer mais negócios, sempre bons negócios.

CAPÍTULO I
Esquentando os motores

Vamos entrar no assunto

Pequenas e microempresas sempre renderam grandes negócios. De acordo com o IBGE existem no Brasil 14,8 milhões de pequenas e microempresas – 4,5 milhões são formais e 10,3 milhões informais, que respondem por 28,7 milhões de empregos e pela maior parte de negócios realizados no ano de 2009. Elas comandam 50,8% dos estabelecimentos comerciais e empregam 67% da mão de obra do país, segundo dados da pesquisa do anuário do trabalhador das micro e pequenas empresas produzido pelo Dieese a pedido do Sebrae em 2008. São mais de 13,2 milhões de postos de trabalho que respondem por 30% do Produto Interno Bruto (PIB). Já imaginou isso tudo junto, o poder que elas têm?

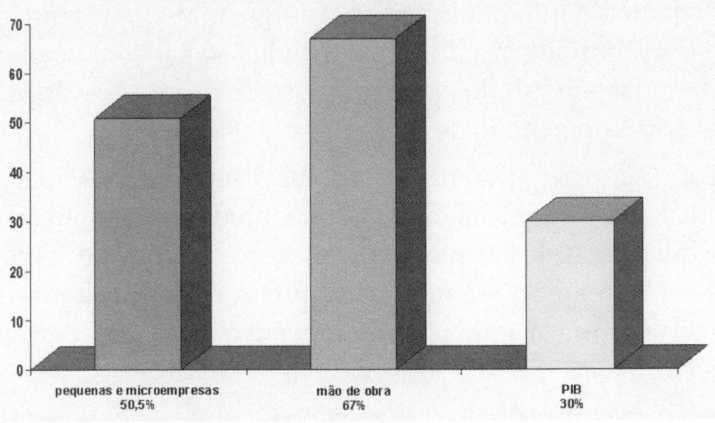

Ao todo, somente no estado de São Paulo, são 622.276 milhões de pequenas e microempresas. É um caminho novo, um segmento muito valorizado nos Estados Unidos, Europa, Japão, só que, infelizmente, ainda desprezado no Brasil. Elas são o motor da economia brasileira.

Vivemos em uma época propícia a grandes negócios com a expansão da internet e a criação de empresas virtuais, onde centenas de sites, *blogs* e fóruns envolvem empresários independentemente de seu porte.

Micro é uma empresa prestadora de serviços ou de comércio que emprega até 9 trabalhadores, mas na indústria é de 10 e pode chegar a 49; já na pequena empresa, o número de trabalhadores é de 20 a 99, enquanto na indústria é de até 49 operários.

A média indústria emprega de 100 a 499 pessoas e no serviço/comércio emprega entre 50 a 99 pessoas. Já a grande empresa é a que tem 500 funcionários ou mais, enquanto os setores de prestação de serviço/comércio que empregam acima de 100 pessoas são consideradas grandes.

As pequenas, micros e médias empresas são as responsáveis pela manutenção e geração de milhares de postos de trabalho quando o desemprego beira números desesperadores.

Pequenas e microempresas são as que mais distribuem renda, contribuindo para diminuir a dívida social com os menos favorecidos, incluindo-os no processo de produção e abrindo-lhes novas oportunidades.

Por isso, pode-se imaginar que haveria uma avalanche de publicações dirigidas a esse público, ainda mais se levarmos em conta que uma pesquisa da agência de publicidade Standard Ogilvy Mather diz que a prioridade número 1 do brasileiro ainda é a casa própria, seguida pela perspectiva de se criar o próprio negócio.

Mas, ao contrário do que se supõe, não se encontra muita literatura direcionada ao pequeno e ao microempresário. Poucos livros disponíveis no mercado falam do marketing para o setor.

E, quando entram nesse assunto, seus autores dizem que não tem cabimento os pequenos e microempresários se preocuparem com outros meios de comunicação que não unicamente a publicidade, não atentam para outros meios, como notícias de jornais, rádio, TV, revistas e demais meios eletrônicos, já que este conjunto de mídia normalmente está fora do alcance financeiro de seu público. O negócio então é pagar e ponto final. Discordo.

As pequenas empresas atendem direto ao cliente porque estão perto dele, sabem de suas necessidades e falam com ele ao telefone, cara a cara, olho no olho. Têm condições, portanto, de tirar lições da experiência e rapidamente aplicá-las.

Desde o ano de 1995 venho dando cursos voltados à comunicação empresarial, independentemente do porte de seus negócios. Inicialmente trabalhei para o mais difícil deles, o pequeno e o microempresário, por meio do Serviço Brasileiro de Apoio às Micro e Pequenas Empresas de São Paulo (Sebrae/SP), ministrando cursos na capital e no interior. O que pude observar logo no início dos contatos com esses empresários foram inúmeras dúvidas quanto aos seus negócios. Queriam vê-los prosperar, é óbvio, mas muitas vezes eles não tinham tanta experiência administrativa a ponto de levar seus sonhos adiante. Todo mundo queria, de alguma forma, conhecer os mecanismos de marketing e desvendar o estranho caminho da mídia. Só que o desconhecimento e o despreparo em lidar com esse universo fez com que muitos negócios fossem por água abaixo. Com relação aos grandes capitães da indústria, os pequenos mais uma vez estão na frente. Muitos empresários de grande porte (que representam 2% da categoria industrial) jamais elaboraram um plano de marketing, considerando isso "perda de tempo", "sofisticação" ou "despesa desnecessária", entre outros argumentos utilizados.

Mas, se mesmo assim eles alcançam sucesso, pode-se imaginar até onde poderiam chegar se tivessem feito um bom planejamento nessa área? O caso da Microsoft de Bill Gates, com os resultados que todo mundo conhece, é um bom exemplo de um marketing bem elaborado.

Defendi a ideia de que empresas de pequeno porte precisam tanto ou mais de um planejamento profissional de marketing. Digo profissional porque não acredito em amadores neste e em nenhum outro tipo de negócio. Certo dia, ao ler um livro do consultor de marketing e administração Hal Goetsch, do Novo México (EUA), vi que ele pensava a mesma coisa. Um plano em si, apenas, não garante a boa *performance* de nenhuma pequena empresa, mas funciona como instrumento indispensável para fixar objetivos, identificar públicos-alvos e canais de distribuição, definir estratégias de preço e de vendas, controlar orçamentos, disciplinar interferência, pessoas e evitar improvisações.

O planejamento em comunicação é essencial. Por exemplo, lembro que um aluno do Sebrae, revendedor de filtros de água, levou o presidente da fábrica a um canal de televisão para falar no dia mundial da água. Outra aluna, dona de um estabelecimento de ensino, conseguiu nota na seção "Agenda" de *O Estado de S. Paulo* e o número de inscritos em seu curso de psicologia tinha aumentado. Ela só não tinha os números, mas carregava a certeza de que esse aumento se devia à divulgação do curso em jornal de grande circulação nacional; a proprietária de uma livraria que alugava (e não vendia) seus produtos tinha sido notícia em revistas dirigidas ao público feminino, em jornal e em rádio; dois rapazes, que representavam a mesma empresa importadora de triturador de restos de alimentos para pias, fizeram o curso comigo – com muitas dúvidas e uma enorme vontade de divulgar a mercadoria que revendiam. Conseguiram bons resultados em suplementos femininos dos jornais diários. Outro aluno, formado pelo Instituto Tecnológico da Aeronáutica (ITA), inventou um compartimento inflável, divulgado em *Superinteressante*, que criava a ilusão de que o usuário voava.

A dona de uma loja de material para automóveis conseguiu espaço em um jornal do Ipiranga, o bairro paulistano onde ela estava estabelecida. Seu marido havia tentado conseguir espaço em jornal especializado em automóveis, mas foi só ver a tabela de preços de anúncio e já estava quase desistindo da ideia de fazer sua loja aparecer.

Todos queriam sair no noticiário, mas nada de publicidade, argumentavam, porque não tinham dinheiro para isso. Semanas depois eles mandavam recortes de jornais e de revistas nos quais tinham conseguido divulgar as suas marcas através de notas e reportagens. E sem nenhum custo. Alguns perguntavam: "Como me apresento para os jornalistas?", "Como empresário fulano de tal", respondia.

O pequeno e o microempresário se informam mais pelos jornais (51%), depois pela TV (97%), revistas (60%) e rádio (88%), respectivamente. Quem descobriu isso foi o Sebrae nacional, que ouviu empresários de 40 municípios espalhados por cinco regiões do país. Na indústria os pequenos e médios representam 98%, além de responder por 75% do faturamento da indústria e 80% da mão de obra do setor.

Ainda há muito o que fazer. A chave do negócio é uma palavra simples: comunicação.

Um instrumento chamado comunicação

Comunicação é como futebol: todo mundo acha que entende e se julga no direito de dar palpite.

Quando o empresário envia uma carta ao cliente, ele está fazendo comunicação; ele tem de decidir a forma e o veículo a serem utilizados nessa comunicação.

Como princípio básico de uma boa comunicação o trabalho deve começar pela clareza de objetivos, isto é, com quem a empresa quer falar e o que pretende dizer aos clientes.

Quando se fala em comunicação logo se pensa em propaganda (que visa a divulgação de um produto) e publicidade (que "vende" uma ideia), que são as formas mais eficientes de fazer com que o mercado conheça e adquira os produtos ou serviços de uma empresa. Uma definição errada na política traçada pelo empresário pode significar desperdício de tempo e de dinheiro. E ninguém quer nem pode perder nem uma coisa nem outra (já não disseram que tempo é dinheiro?).

O que os governos fizeram em tempos de guerra despertou os empresários: eles passaram a refletir e a utilizar sinuosas formas de ganhar mais dinheiro. Vamos imaginar um pai mandando seu filho para a guerra tendo a ideia de que ele está fazendo a coisa certa. Mais ainda, imagine alguém apontando uma arma para uma pessoa e depois de eliminar o suposto "inimigo", ir para casa com a consciência do dever cumprido. Nada mais natural do que aproveitar todo esse argumento, toda essa técnica de persuasão e convencimento e fazer com que seus produtos vendam mais e mais. Foi assim no mundo publicitário: já em tempos de paz, os empresários aproveitaram a técnica de propaganda ideológica e colocaram seus produtos no mercado. Resultado: o sucesso foi total.

Há ainda diferenças na informação (notícia e publicidade).

É muito importante que se informem ao empresário e à sua empresa as diferenças entre uma e outra. Uma boa definição de informação empresarial: notícia que vem das empresas.

Notícia empresarial é a informação apurada na empresa ou dela originária através do empresário ou de sua assessoria (própria ou contratada) com o mesmo caráter de relato dos fatos ou acontecimentos que qualificam a matéria jornalística, segundo critérios de atualidade, interesse ou significado para o público.

Publicidade, ao contrário, é uma informação paga, de natureza promocional, que tem como objetivo persuadir por meio da repetição da mensagem. Esse tipo de informação visa atingir a opinião pública ressaltando apenas o lado positivo do produto, serviço ou imagem mediante técnicas que excluem a neutralidade. O seu objetivo é meramente mercadológico.

A diferença entre publicidade e trabalho de divulgação de uma assessoria de imprensa: na primeira se paga e na segunda se conquista. Ao fazer um anúncio publicitário o empresário terá a garantia de que a peça vai sair (afinal, está pagando), e numa relação com os jornalistas nunca se sabe (afinal, está se fazendo uma tentativa, não se paga nada). Neste segundo caso nem se pode falar em valores porque o espaço editorial não é vendido.

Os meios de comunicação têm duas tarefas principais. A primeira é informar, a segunda é divertir. Eventualmente, uma terceira – publicidade ou vendas – desenvolveu-se na medida em que a empresa buscava a independência financeira.

O jornalista Eduardo Ribeiro cita a Sociedade Americana dos Diretores de Jornais que definiu certa vez que "a função de um jornal é comunicar ao gênero humano o que seus membros fazem, sentem e pensam".

Vamos pensar na outra ponta da linha, na empresa. Quando a intenção é a de transmitir uma mensagem ao mercado e essa mensagem é exatamente a própria companhia, há que pensar também em outro tipo de comunicação, a interna, que influi na produtividade da equipe. Ou seja, uma comunicação voltada para dentro.

No âmbito interno a comunicação envolve a realização de reuniões, palestras, seminários, jornais, circuitos internos de TV e serviços de reclamações e sugestões. Isso numa grande empresa, dirão alguns, e eu respondo que esses procedimentos servem também para a pequena empresa. Todo empresário – micro ou pequeno – quer ser grande. E para atingir esse estágio ele tem que se esforçar. E começar como os grandes, aqueles que ele almeja ser. Que tal começar a seguir exatamente esses passos?

Já no âmbito externo os principais alvos são sempre os consumidores e o mercado como um todo, geralmente abordados por meio de órgãos de imprensa, uma vez que consideramos publicidade um negócio à parte. Mas esses veículos não estão à disposição do pequeno empresário, argumentarão alguns. Neste livro você vai saber que é possível atingir esse objetivo.

Em comunicação não existe propriamente uma receita que, teoricamente, serve para todo mundo. O que há são situações similares vividas por grandes e pequenas empresas, e, para cada situação, há que tomar providências, traçar planos, projetos, idealizar e delinear estratégias. Mas as regras básicas são as mesmas, porque tanto as grandes corporações como as pequenas empresas querem se comunicar. É da comunicação benfeita que vai resultar o sucesso da empresa, independentemente de seu porte.

Assim, a chave do sucesso não é apenas investir em publicidade, e é isso o que vamos ver neste livro. "Há gastos?", costumam perguntar os pequenos e microempresários que vivem com orçamentos mais do que apertados. Procuro descaracterizar o conceito de "gastos", preferindo utilizar outro mais apropriado, "investimento".

Enquanto os empresários ficarem pensando em gastos e não em investimentos, o sonho será sempre sonho.

Construir e consolidar uma imagem positiva de uma empresa entre os formadores de opinião é o que vamos trabalhar aqui. Isso leva anos, mas para destruir essa imagem bastam segundos. É só pecar pela falta de transparência e descuidar da qualidade que tudo volta à estaca zero.

E como funcionam os meios de comunicação? Que tal irmos para o próximo assunto? É uma boa ideia? Então, ao trabalho!

Como esses meios funcionam

Por muito tempo o termo "comunicação" foi um substituto da palavra "exprimir-se". A palavra "comunicação" ultrapassa as palavras "falar" e "escrever" para incluir todos os aspectos da comunicação verbal e da comunicação não falada ou não escrita – por exemplo, não só o falar e o escrever, mas também o gesticular, o mostrar, o ler e o ouvir. Na indústria, o fazer comunicação exige peritos não só na palavra escrita e falada mas também na arte de ouvir.

Escrever acerca da comunicação seria dissertar sobre a própria vida, uma vez que a comunicação ocupa o centro de nossa vida social. Estamos nos comunicando sempre.

O jornalista e escritor Hugo Almeida lembra que somente o homem, dentre todos os seres do reino animal, conseguiu transformar o som em símbolos escritos. Primeiro, o homem se comunicava pelos gestos; depois, aprendeu a falar, a usar as palavras; e então descobriu como representar as palavras por meio de símbolos escritos que outros poderiam ver e compreender.

Na pré-história, o homem gravava os símbolos na parede das cavernas ou nas colunas e monumentos. Passou a escrevê--los em materiais leves e portáteis, como "folhas papiros" que poderiam ser facilmente carregados ou levados para toda a parte. Durante séculos houve o aperfeiçoamento dessa descoberta única.

Atualmente, a comunicação de rede via satélite, a internet, já faz parte da realidade global.

Cada especialista dá uma definição do termo "comunicação". O físico, o autor de novela, o matemático, cada um tem uma explicação para o significado do termo. O que vamos utilizar aqui é este: comunicação é a transmissão de uma mensagem com o fim de provocar uma resposta específica. Comunicação não quer dizer simplesmente falar para outra pessoa. Significa também ouvi-la, já que tanto ouvir como falar são um modo eficaz de se comunicar. Se não ouvimos uma pessoa, como é que podemos falar com ela?

Comunicação não significa, portanto, apenas transmissão de uma mensagem sem a pretensão de provocar o tipo de resposta que se procura, a mensagem pela mensagem.

Muitas vezes numa sala de visita ou num elevador conversamos unicamente porque julgamos ser falta de educação ficar em silêncio. No entanto, nos negócios falamos porque temos razão de sobra para o fazer. Nesse caso somos obrigados a fazer da linguagem algo mais do que um sinal instintivo e intuitivo, e trazê-la para o racional. Se falamos racionalmente é porque desejamos despertar interesse pelo assunto desenvolvido e também porque desejamos que os outros compreendam aquilo que dizemos. Portanto, temos de definir o sentido de nossas palavras.

A. C. Leyton[1] diz que uma comunicação eficaz não leva apenas a uma melhor apresentação das informações; é também um meio de tornar as pessoas mais conscientes do seu ambiente de trabalho, de promover relações boas e duradouras. A obediência é então considerada com um sentido novo. As pessoas obedecerão porque querem, e não porque têm de fazê-lo.

Que tal conhecer os 10 mandamentos para uma comunicação eficaz?

Os 10 mandamentos

A comunicação humana resulta em uma troca de ideias. O seu sucesso vai ser medido pela maneira como você se comunica.

Os 10 mandamentos a seguir foram preparados pela equipe do Executive Comunication Course, American Management Association:

I. Antes de se comunicar procure ter ideias claras.
II. Examine a verdadeira intenção de cada comunicação.
III. Considere a totalidade do ambiente físico e humano enquanto se comunica.
IV. Ao planejar as comunicações, consulte outras pessoas, se achar conveniente.
V. Enquanto se comunica, tenha cuidado de acentuar o conteúdo básico da sua mensagem.
VI. Aproveite a oportunidade para assimilar do seu ouvinte ideias ou sugestões que possam ajudá-lo.
VII. Siga de perto os efeitos da sua comunicação.
VIII. Comunique tão bem amanhã quanto hoje.
IX. Assegure-se de que suas ações apoiem suas comunicações.
X. Procure não só ser compreendido, mas também compreender – seja um bom ouvinte.

---

[1] A. C. Leyton, *A arte de comunicar*, trad. Mário Fonseca (Porto: Civilização, 1970).

A comunicação não é uma panaceia para todos os males. Mas, sem ela, a maior parte das outras disciplinas fica sujeita ao malogro. Você vai ler em seguida por que isso acontece.

A mídia é fundamental

A comunicação social tornou-se um instrumento indispensável à conquista de resultados e ao sucesso de empresas e instituições privadas e estatais. Cada vez mais todos incluem a comunicação interna e externa entre suas prioridades, que são ferramentas imprescindíveis para a obtenção de resultados.

As empresas vêm destacando seus principais executivos para manter contato com a mídia. Isso demonstra a importância de ocupação de espaços editoriais, que é o lugar onde se obtém credibilidade. Não que o anúncio não dê credibilidade, mas é outro tipo de linguagem. Não conheço uma pessoa que compre um jornal ou revista para ler anúncio, a não ser o próprio publicitário que bolou determinada página e que tem certeza de que sua grande arte vai sair naquela revista.

Nos Estados Unidos um dos itens utilizados para a avaliação do desempenho de um executivo é sua habilidade no relacionamento com a imprensa. Lá se entende que há uma distância muito grande entre a mídia e a iniciativa privada. E o objetivo de uma assessoria de comunicação é o de encurtar essa distância, não deixando, evidentemente, de "fabricar" uma imagem.

Muitas empresas constatam em seus balanços a importância de se ocupar espaço na mídia. Elas sentiram esse crescimento na captação de recursos e de novos clientes a partir de um trabalho desenvolvido por sua assessoria. Até a publicação de um balanço de grande empresa vira sinônimo de comunicação. Nos jornais de economia são publicados editais, balanços e convocações, sempre com o logotipo da empresa.

O jornalista Marcos Aidar diz que saber como comunicar bem é tão importante como saber o que se deve comunicar. Os princípios de uma boa comunicação devem ser considerados uma parte da prática diária da gerência, e ser assim incluída na rotina diária da empresa.

A boa comunicação pode criar aquele sentido de participação necessária à lealdade e às boas relações no trabalho porque não apela unicamente para uma melhor compreensão, mas também para a simpatia.

Se pessoas com interesses diferentes procuram se comunicar, facilmente pode haver erros de interpretação, resultado de uma linguagem indefinida que, por sua vez, pode acarretar uma imagem diversa daquela que elas buscam. E é sobre isso que vamos falar em seguida, o problema da imagem.

Uma questão de imagem

A imagem institucional de uma empresa é o que garante e sustenta as bases de seu permanente progresso e desenvolvimento. Um dos maiores desafios para a empresa é criar, desenvolver e aperfeiçoar um conceito de credibilidade. A qualidade dos produtos, a eficiência profissional dos quadros humanos, a eficácia dos processos empresariais só têm reconhecimento perante a opinião pública quando amparadas por uma ampla política integrada de comunicação.

Pelos cálculos do especialista norte-americano Peter Russel, cerca de 90% dos problemas das empresas giram em torno da comunicação (mais precisamente, a ausência dela) e a tendência para os próximos anos é esse percentual aumentar ainda mais.

Numa empresa, independentemente de seu tamanho e porte, problemas tecnológicos são facilmente detectáveis e rapidamente solucionados. Os problemas de comunicação, no entanto, muitas vezes nem são considerados, quanto mais solucionados – à medida que isso se faz necessário. E são eles que estão na base dos grandes conflitos dentro das empresas, sobretudo quando há decisões, ações e metas em jogo. Só que as pessoas, por não terem consciência da magnitude do desafio, acham que as dificuldades de comunicação são problemas menores, irrelevantes. Isso mostra como a falta de comunicação se dá em vários níveis, alguns muito sutis.

Em meus cursos costumo dizer que o empresário pode construir casas para seus empregados que não vai virar notícia. Mas, se uma dessas casas desmoronar, o empresário poderá ir para as primeiras páginas, ou para a seção policial.

Há tempos que as empresas tomaram consciência de que é preciso aprimorar a qualidade. Tanto que a qualidade é a expressão mais difundida no universo das empresas, em todos os setores das atividades. O planejamento de estratégias, programas e projetos de comunicação empresarial exigem, antes de tudo, uma decisão consciente por parte das organizações por uma filosofia permanente de troca de informações, contemplando clientes, fornecedores e acionistas.

As empresas despertaram há tempos, e com razão, para um diferencial de mercado – a qualidade –, ao notar que ela é imperativa à sua própria sobrevivência em ambientes econômicos cada vez mais seletivos e competitivos. Só falta uma coisa: despertar para a comunicação, observa o jornalista Eleno Mendonça.

Os investimentos em imagem e na reputação de uma empresa são complementares e não valem somente para as grandes empresas. Pequenas empresas também devem cuidar do assunto, pois, além de complementares, são sinérgicos e mutuamente funcionais, sendo que a reputação é a melhor maneira de obter resultado com o investimento na imagem corporativa.

A relação principal de qualquer empresa, seja a mantida com clientes, seja para construir, manter ou aperfeiçoar uma reputação, precisa ir além de seus consumidores. Ela tem de falar com todos os públicos-chave que decidem, afinal, o que todos acabarão por pensar a respeito da empresa. Investidores, comunidade financeira e a sociedade onde ela está instalada precisam ser atendidos pela empresa, além de, evidentemente, seus empregados.

Construir uma imagem é um esforço que se concentra em alguns públicos consumidores, mas fazer reputação significa comunicar-se adequadamente com públicos altamente especializados e muito influentes, como são os formadores de opinião na área financeira, agências governamentais, a comunidade e os funcionários das empresas.

Embora as empresas não estejam no mercado primordialmente para se comunicar, e, sim, para fazer negócios, elas precisam explicar-se o tempo todo, por algumas razões. O impacto que os negócios têm sobre a vida social acaba virando notícia. As notícias, por sua vez, são feitas a partir da envergadura dos negócios. Por último, as empresas não podem almejar ser invisíveis, justamente porque ocupam um lugar no espaço e precisam ocupar bem este lugar, de modo a fazer melhor que os outros. E como se comunicar? É o que vamos ver em seguida.

A conquista do mercado

Comunicar-se adequadamente nesta era da globalização e da informação é um requisito de sobrevivência tão decisivo quanto a prática da qualidade, da redução de custos, do aumento e do acesso à tecnologia de ponta. Esse papo você entende bem.

"Mídia" é um termo novo e frequentemente utilizado. Deriva do inglês *media* que, por sua vez, se origina do plural, em latim, de *medium*, meio. Em português, em sentido mais amplo, mídia significa qualquer meio de comunicação de massa.

Podem-se destacar dois tipos de formas de se divulgar qualquer coisa. O mais antigo é a mídia impressa (ou escrita) que engloba jornais, revistas, aviso afixado em lugares públicos, folhetos, boletins, mural de escola, *outdoors*. O mais recente é a mídia eletrônica, aí incluídos o rádio, a televisão, o cinema e a internet. Cada um desses recursos representa um segmento da mídia.

Na publicidade o termo "mídia" já vem sendo usado há tempos. O jornalista Eduardo Martins explica que, na linguagem publicitária, "mídia" significa a atividade que consiste em escolher o meio mais adequado para divulgar determinado produto. Para desenvolver a atividade, os publicitários levam em con-

Todos querem se comunicar e para isso procuram as formas mais adequadas.

ta fatores como audiência ou tiragem, o número de vezes que a mensagem vai ser divulgada, o preço combinado, a área a ser atingida e a duração da campanha.

Nas grandes cidades são lançadas 10 mil novas informações todos os dias, isto é, 10 mil novos sinais são transmitidos diariamente. É como uma guerra, em que somos bombardeados de manhã, de tarde e de noite. Achar um diferencial, marcar um ponto, sobressair nesse universo é nosso grande desafio.

A palavra "comunicação" vem do latim *comunicare*, que significa tornar comum, compartilhar e envolver-se. Somente com ela as empresas enfrentam novos desafios. Porque com a comunicação podem-se resolver problemas de linguagens e pensamentos díspares, tornando as pessoas mais iguais entre si. Mas para isso elas precisam mudar, e mudam. Só que isso não acontece por acaso. É preciso realizar alguns trabalhos nesse sentido, desenvolver meios, tornar alguns instrumentos mais eficazes. Assim, pode-se pensar em novos planos, novas ideias, novos produtos, enfim, tudo pode vir como por uma boa magia. Mas na prática não há milagre nenhum, apenas trabalho –, alguma inspiração e muita transpiração.

As marcas e sua importância

A marca de um produto vale mais do que todo o arsenal usado para a sua produção – plantas industriais, móveis e máquinas. A Marlboro, por exemplo, vale 44 bilhões de dólares.

A Nike, a Reebok, grandes marcas de calçados esportivos, têm fábricas virtuais no mundo. Você conhece ou sabe da presença física de alguma fábrica dessas megaempresas no Brasil? Há apenas escritórios, mesmo porque algumas delas produzem apenas componentes que serão acoplados em fábricas localizadas em outros países. Vamos a alguns números?

No Brasil são 350 mil marcas de produtos no mercado; nos Estados Unidos, 1,6 milhão.

As marcas, como quase tudo no mundo pós-Império Romano, surgiram na Idade Média em feiras localizadas nas praças de todas as cidades da Europa. Começaram a ser usadas e a ser chamadas de marcas de comércio pelos fabricantes de bons produtos, os que procuravam defender o que produziam, para que pudessem controlar a qualidade e a quantidade do que vendiam. As marcas também protegiam contra a má qualidade generalizada da produção medieval. No século XVI as destilarias escocesas começaram a pôr seus nomes nos barris para identificar a origem. O rótulo, como hoje conhecemos, surgiu pouco depois, quando a Teacher's imprimiu seu nome num papel e o colou na garrafa.

O reconhecimento de uma marca é uma das coisas mais claras na mente do consumidor. A IBM faz computador; a Coca-Cola, refrigerantes; o McDonald's, hambúrgueres; a França, perfumes; a Alemanha, carros; e o Japão, produtos eletrônicos. Não é esse o estereótipo que o publicitário imprimiu em nossas mentes? Você imagina um dia um país como o Haiti exportando relógios?

A Coca-Cola é líder porque fez seu refrigerante estar ligado à alegria de viver. Quando o consumidor escolhe um iogurte, ele não procura alegria de viver, mas, sim, a calma, a coisa recreativa. Se ele procura é porque existe uma intenção psíquica, e se a marca estiver ligada a essa intenção no inconsciente coletivo, então ela será líder.

O que garante a vida de uma marca além da mostra do produto é um conjunto de emoção e personalidade, observa o consultor de marca José Martins. Para um produto dar certo ele deve passar alguma emoção e ter "personalidade", pois precisa ser vendável, estética e conceitualmente. Kolynos ainda é o creme dental líder na lembrança de pessoas pelas emoções que transmitia: alegria, energia, vitalidade, prazer de escovar os dentes, tanto que chegou a deter 70% do mercado. Quando saiu de linha, ainda detinha 60% dessa fatia. A concorrente Colgate vendia racionalidade. Para isso, durante muito tempo foi investido um grande capital.

A emoção transmitida pelo produto é que faz com que ele seja lembrado pelo consumidor. As grifes de moda como Giorgio Armani e Ralph Lauren não passam emoção, mas têm personalidade, o que leva o consumidor a comprar a roupa mesmo pagando caro. Quando você tem duas camisetas brancas iguais, o que vai diferenciar é a imagem.

O que não se pode fazer é criar uma ideia falsa do produto, porque o consumidor, afinal, não acredita no falso.

O jornalista e publicitário Celso Japiassu diz que uma nova tarefa chamada "gestão de marcas" começa a aparecer no organograma e nas folhas de pagamento das corporações. O tema se torna mesmo interessante quando sabemos que o consumidor não compra apenas um produto que foi posto à venda numa loja. O que ele leva para casa é um conjunto de valores da marca e não apenas do produto em si. Por isso uma marca é tratada com tanto cuidado pelas empresas que detêm seus direitos de propriedade. Ela é a síntese dos elementos físicos, racionais, emocionais e estéticos que representa e que são desenvolvidos por meio da comunicação dessa marca.

A imagem de uma marca se constrói como se fosse um prédio, costuma dizer o publicitário Evandro Piccino, que desenvolveu uma inteligente metodologia de construção de marcas. Detalhe por detalhe, tijolo por tijolo, como numa verdadeira construção. Recursos como informações na imprensa, embalagem, propaganda, identidade corporativa, promoção, relações públicas, tudo pode agregar valor a uma marca, que vai criando com o consumidor relações afetivas e objetivas ao longo do tempo e do trabalho a ela dedicados. Isso gera fidelidade do consumidor, imagem forte, identidade e personalidade. É um trabalho que exige constância.

Há casos de marcas que envelhecem e morrem porque perdem a sintonia com o consumidor das novas gerações. Bromil é uma vaga lembrança, assim como a Pond's, pois ambos se perderam no tempo. Mas isso é assunto para historiadores de marcas...

Alguns exemplos de marcas fortes que se confundem com os produtos:

- Bom Bril/esponja de aço
- Band-Aid/curativo
- Cotonete/haste de algodão higiênico
- Ray-Ban/óculos escuros
- Blindex/vidro temperado
- Gillette/lâmina de barbear
- Melitta/coador de papel para café
- Perfex/pano de limpeza
- Chiclet/goma de mascar
- 51/pinga
- Pritt/cola em bastão
- Alpargatas/calçado de lona
- o.b./absorvente feminino
- Hydra/válvula de descarga
- Nylon/fibra sintética
- Vedacit/impermeabilizante

Boa ideia curta e grossa.

Pinga e curativo são alguns exemplos de marcas que se confundem com os produtos.

CAPÍTULO II
Ganhando dinheiro

Feiras, instrumento de marketing

Feiras de negócios são sempre uma boa oportunidade de mostrar a cara para o mercado. Isso desde que o empresário saiba escolher a hora e o local certos para aparecer. A participação em feiras pode ser um excelente instrumento de marketing. Uma ferramenta ideal para aumentar a exposição do produto, incrementar as vendas e ampliar os contatos comerciais. Isso porque produtos, serviços, equipamentos e acessórios de diversas empresas podem ser encontrados em uma feira, agrupando empresários de todo porte, desde multinacionais até microempresas.

No ano de 2009 foram montadas 153 feiras de negócios no Brasil, em 22 cidades de 22 estados. O número de participantes foi de 4,6 milhões de pessoas que circularam de terça-feira a domingo, em área de pouco mais de 2 milhões de metros quadrados, nas quais participaram 48.000 empresas com 65 países representados.

Feiras de negócios são eventos que reúnem um setor em um mesmo local, demonstrando a empresários e profissionais da área o que existe de mais novo em tecnologia e qualidade.

Antes de tudo a empresa deve estar preparada para ir a campo e se projetar no mercado; se o produto a ser lançado é competitivo, tem uma produção suficiente para atender à demanda que se quer provocar; e estar com o caixa em um nível aceitável.

Então, a casa está em ordem? É hora de escolher o evento. Cabe ao empresário analisar se ele quer participar de uma feira voltada para consumidores ou para profissionais da área, e ter uma ideia do porte da feira, de acordo com o número de estandes e visitantes de anos anteriores. É preciso pesquisar, pois quem já participou desses eventos pode contar com mais propriedade. O alto investimento ainda é o principal obstáculo. Quanto mais divulgação as empresas tiverem, mais caro se pagará por um pequeno espaço disponível.

Para aproveitar melhor a participação de pequenas empresas em eventos de negócios é bom entrar em contato com a entidade que representa sua área de atuação e pedir informações sobre o evento. Colha várias opiniões para saber o que mais lhe convém. Faça uma boa avaliação do retorno que você espera obter. Atualmente, esses eventos estão cada vez mais segmentados, pois se comercializam desde cosméticos e utilidades domésticas até máquinas agrícolas. Apresente seu produto da melhor maneira possível, para despertar o interesse dos visitantes. Durante o evento é recomendável montar uma infra-estrutura com capacidade para providenciar rapidamente todas as informações pedidas pelos clientes. Sempre que fizer contato, dê seu cartão e recolha cartões de visitas para montar um cadastro com possíveis clientes e parceiros de negócios. Compre o catálogo do evento e dedique um tempo para visitar os outros estandes. Nunca dê ideia de que sua presença no seu estande é imprescindível e que sem você os negócios irão por água abaixo.

O jornalista Bergson Farias diz que os promotores de eventos calculam que é preciso iniciar o preparo do espaço com pelo menos três meses de antecedência. Há erros comuns em exposições, como informação visual confusa, antecedentes mal preparados, improvisação e decoração inadequada. Outro problema enfrentado por pequenos e microempresários é a vontade de recuperar rapidamente o dinheiro investido. Na maioria das vezes o negócio leva meses para se concretizar. Mais uma vez, senhores empresários, é preciso paciência!

Qual o meio mais eficiente?

O empresário Samuel Klein[2], fundador das Casas Bahia, uma das maiores varejistas de São Paulo, ao ser entrevistado:

REPÓRTER: Quanto o senhor gasta em publicidade?

SAMUEL KLEIN: Em média, 3% do faturamento. Vale a pena.

REPÓRTER: Qual a propaganda mais eficiente?

SAMUEL KLEIN: Tudo junto. Rádio, jornal, televisão [ele não investe em revistas]. Temos que estar sempre em evidência. Os fregueses têm de rezar e olhar as propagandas das Casas Bahia todos os dias.

Os segredos das cartas

Como a fala apareceu antes da escrita, ditar uma carta tem uma importância especial. É possível ditar com espontaneidade sem limitar a clareza. Ditar bem, e, como consequência, es-

---

[2] Samuel Klein, judeu nascido na Polônia, veio para o Brasil em 1952 e se instalou em São Caetano (no ABC paulista), onde havia muitos nordestinos, também migrantes como ele. À época, todo mundo que vinha do Norte e Nordeste era chamado pelos paulistas de baianos. Para homenagear seu público ele batizou a loja de Casas Bahia.

crever bem, é uma maneira de inculcar bons hábitos. E sobre todos nós pesa a responsabilidade de transformar os maus hábitos em bons hábitos.

A clareza que todos pretendemos é muitas vezes prejudicada por absurdas e pomposas frases comerciais. Infelizmente, as frases comerciais são muito comuns quando se aprende a escrever uma carta e, na verdade, houve um tempo em que era elegante utilizar frases absurdas e sem nenhum sentido. Eu me lembro que ouvi vários advogados proferindo frases inteiras em latim, em uma língua que eles próprios não conheciam –, apenas as citavam.

É verdade que, quando escrevemos, temos a nossa individualidade e o nosso estilo preferido. No entanto, a essência de qualquer carta reside na sua simplicidade.

Escrever bem depende da naturalidade e da dignidade com que ela é concebida e finalizada. Se queremos estar bem preparados para escrever uma carta, temos de ter a certeza de que nossa gramática e a nossa pontuação ocupam nossa mente naquele instante. A linguagem tem suas regras próprias, mas o que importa é que sejamos exatos naquilo que for preciso atingir.

Uma boa carta, bem redigida, é importante para uma empresa. Não apenas como mais uma de suas mensagens, mas um grande auxiliar no trabalho de relacionamento com o público.

Não confundir com relatório, que tem a preocupação dos fatos e conhecimentos técnicos. Isso porque o autor do relatório escreve num contexto industrial, não expressando apenas seu próprio pensamento.

As boas qualidades de um texto, no entender do jornalista e professor Josué Machado, são: correção, clareza, objetividade, concisão, interligação entre as orações e harmonia. Os defeitos principais (vícios de linguagem): incorreção, obscuridade, falta de objetividade, prolixidade, descontinuidade, desarmonia (colisão, eco, cacófato), rebuscamento e clichês. A ordem das palavras na frase: uma má colocação pode prejudicar o texto tanto quanto o erro gramatical, como quando se diz "aquela é uma mulher grande" ou "aquela é uma grande mulher". Deve-se usar sempre o mínimo possível de nomenclatura técnica, mas tudo isso se atinge com mais prática e menos teoria.

O grande desafio

Fazer uma boa comunicação é um dos maiores desafios para o empresário. Não basta vender, fazer uma boa venda — é preciso divulgar o que se fez, o que se faz e o que será feito, uma vez que o empresário se convenceu de que este é o seu mundo, o fascinante mundo dos negócios.

A comunicação é necessária para que o trabalho, o produto e o negócio sejam conhecidos. Serve para injetar confiança e gerar credibilidade. Para o empresário obter mais recursos financeiros, atrair mais clientes, fazer novos amigos ele tem de se comunicar com eficiência – essa é a chave dos novos e promissores negócios.

A principal engrenagem de toda empresa é a informação. Uma empresa precisa estar constantemente informada para se manter moderna e, internamente, precisa esclarecer a todos os seus funcionários o que está fazendo, para que possa manter-se coesa.

Independentemente do seu porte, as companhias menores também podem implantar projetos de comunicação. Por exemplo, promover encontros entre funcionários, criar informativos que, por limitação de custos, podem ser feitos por eles mesmos. Para isso é preciso ter técnica.

Ao ver um concorrente citado em uma matéria jornalística, seja em jornal, revista, rádio, TV ou na internet, o empresário se pergunta como isso aconteceu, já que ele considera o seu produto, ou empresa, o melhor no ramo mencionado. A resposta é que, muito provavelmente, o concorrente percebeu que era necessário promover o relacionamento com os meios de comunicação. Ser citado de maneira positiva em matérias jornalísticas fortalece muito a imagem da empresa ou da marca perante seu público-alvo.

Em tempos remotos era comum dizer que a propaganda era a alma do negócio. Sabe-se hoje que a publicidade é apenas um dos recursos, uma das ferramentas a serviço da comunicação, que passou a ser a chave para o sucesso de uma empresa. Ninguém investe, promove ou apoia o que não se conhece, aquilo de que nunca se ouviu falar, o que não tem referência ou indicação.

O trabalho de divulgação nos meios de comunicação pode ser usado para incrementar vendas. É diferente da propaganda, em que o cliente compra um espaço na mídia para passar a mensagem que desejar. Nesse caso o cliente não tem poder para interferir no que o jornalista irá apurar e escrever ou no espaço que ocupará na página. Caso o fabricante não tenha um bom produto e o veículo de divulgação ou alguém decidir testar as soluções, o resultado poderá ser negativo para a empresa. Ou seja, ética acima de tudo, nada de mistificar, exagerar, imaginar qualidades distantes a quilômetros de seu produto.

A rapidez de comunicação criada pela internet gerou grupos de pressão que mobilizam do dia para a noite a opinião pública em torno das questões éticas. Uma empresa com respeitabilidade tradicional no mercado pode sofrer pressão de determinado grupo por não ser ou não parecer ética em sua conduta.

Se há alguns anos a única maneira que os consumidores tinham para se manifestar sobre uma marca ou produto era enviar uma carta ou se dirigir ao Serviço de Atendimento ao Consumidor, hoje a história é bem diferente. O crescimento de acesso às redes sociais possibilitou outra realidade para os consumidores, que passam a demonstrar suas opiniões de forma rápida e contundente por meio da web. Se a pessoa não dispõe de banda larga ela vai a uma *lan house* na esquina. Essa é uma realidade nova para as empresas e, cada vez mais, elas precisam estar preparadas para lidar com os benefícios e os problemas que a interatividade traz.

Uma conhecida marca de achocolatados passou por situação inusitada ao descontinuar a produção do seu mais tradicional produto. Queria inovar e não sabia como. Em tempo recorde os consumidores assíduos do produto cancelado armaram uma manifestação sem precedentes na web via redes sociais como o orkut, pedindo a volta do produto. A empresa, avaliando a situação, resolveu voltar a comercializar o achocolatado em questão. O episódio comprova o quanto esse espaço é relevante no relacionamento entre marcas, empresas e consumidores.

Comunicação é uma ferramenta imprescindível de administração e área estratégica para a obtenção de resultados. Ela contribui decisivamente para que uma empresa possa ampliar sua produtividade, reduzir custos e responder em tempo hábil às rápidas transformações de um mercado globalizado em constante ebulição.

Não há exagero em afirmar que a comunicação é absolutamente indispensável para que uma empresa se reorganize internamente de acordo com as exigências da economia contemporânea, ou seja, com base em uma forte sinergia entre todos os funcionários e departamentos e no seu real comprometimento com os resultados da organização e o sucesso de seus negócios.

Ferramenta eficiente da reengenharia, a comunicação também é fundamental para projetar externamente a imagem da empresa moderna no universo em que está inserida, ou seja, junto com clientes, fornecedores, parceiros e todo o conjunto da sociedade.

Valoriza-se hoje a figura da empresa cidadã, que se pauta não só pela qualidade, eficiência e sucesso nos negócios, mas também pelos valores da ética e comprometimento com o bem-estar e o progresso da comunidade e da nação.

Vivemos em um mundo em permanente transformação. O cidadão comum deixou de ser um agente passivo no mundo da comunicação e se tornou um cidadão ativo, apoderando-se da comunicação com o desconhecido, aprendendo a produzir informação, ganhando autoconfiança e, cada vez mais, exigindo respeito a seus valores de todos aqueles que o cercam, sejam empresas ou as diferentes instâncias do poder público. Surge o consumidor proativo. Pesquisas apontam a preocupação de adolescentes e de jovens com o aquecimento global e com o mundo que vão herdar.. Eles estabelecem comunicação entre seus integrantes, tais como o marketing social e as mídias interativas. Criam seu próprio conteúdo, em que o pessoal e o social interagem permanentemente.

Para se comunicar num futuro próximo, além de escrever, a pessoa terá de interagir, ouvir, acolher, compartilhar. Com a popularização da internet, a partir do início da década de 1990, o conhecimento já não é mais um monopólio de poucos. Hoje é impossível deter toda informação. A rede mundial permitiu que o conhecimento mudasse num fluxo que constrói e se renova a todo tempo.

O problema é basicamente de conteúdo, de texto, que é o que vamos abordar a seguir, segundo a visão de três *experts* no assunto.

Mala-direta e folhetos

Schwab, Beattly e Porter, três publicitários norte-americanos especializados em textos de malas-diretas e folhetos, enumeraram 21 itens:

1) Comece o texto com uma importante e pertinente pergunta, a fim de que o leitor procure a resposta lendo o texto. Vá fazendo perguntas para continuar estimulando a leitura.

2) Ou, então, declare o benefício principal, isto é, o que seu produto pode fazer pelo leitor.

3) Dê ao texto um valor jornalístico ou inédito. Não perca seu tempo, nem o do leitor, obrigando-o a ler coisas que todo mundo já sabe.

4) Evite divagações e generalidades. Diga exatamente quanto, quando, como, quem e por quê. Evite afirmações como "muitas pessoas"... e utilize "cerca de trezentas pessoas". Seja claro e preciso.

5) Identifique no texto as necessidades e desejos do consumidor.

6) Enfatize aspectos de compra relativos ao leitor e não aspectos de venda que interessam ao anunciante. Venda para as pessoas vantagens e não coisas.

7) Escolha os assuntos de grande apelo ao consumidor e concentre-se neles. Quanto menos, melhor. Não congestione o texto com assuntos e apelos de menor importância.

8) Coloque no texto o máximo possível de emoção. Textos com emoção vendem mais do que textos com fria lógica.

9) Use argumentos que "aproximem", como "alguma coisa nós temos em comum".

10) Evite apelos comuns. Use situações dramáticas ou palavras fortes para inspirar o leitor a querer, o quanto antes, os benefícios anunciados.

11) Ponha o máximo de interesse humano e personalização no texto, com naturalidade.

12) Tente fazer um texto cuja leitura se torne agradável.

13) Utilize texto relevante para o produto ou serviço, livre de "adereços" que possam distrair a atenção sobre o principal.

14) Se for o caso, use subtítulos com novidades ou curiosidades.

15) Use estilo vigoroso no final, pois isso inspira confiança e segurança ao leitor, capaz de levá-lo a decidir pelo uso do produto ou serviço anunciado.

16) Reescreva as sentenças cheias de rodeios até que fiquem curtas, simples e claras.

17) Use o tempo presente e o singular. Assim, o leitor vai se sentir mais próximo da realidade vivida naquele momento.

18) Use verbos na voz ativa.

19) Evite textos com excesso de adjetivos, advérbios, pronomes relativos e demonstrativos, bem como orações subordinadas.

20) Evite vocabulário muito erudito para não parecer pedante, nem caia no pecado oposto, de parecer popularesco.

21) Texto longo não quer dizer, obrigatoriamente, texto ruim. No entanto, busque sempre a concisão. Acredite na inteligência de seu leitor. Ele sabe ler as entrelinhas, tanto quanto você.

Newsletters, o que é isso?

Grande parte do tempo de um representante de vendas é utilizado viajando sozinho, esperando para falar com clientes, tomando o que popularmente se define como "chá de cadeira". No armazém de meu pai vi, quando criança, muitos desses vendedores, grandes feras de multinacionais de alimentos dando *shows*, verdadeiras aulas de venda e de persuasão.

Em geral, o representante de vendas recebe todas as reclamações sobre a organização, sua linha de produtos, serviços, procedimentos de faturamento, condições de crédito, política de preços, enfim, tudo aquilo que diz respeito à empresa. Muitas recompensas dos representantes de vendas vêm justamente destes encontros pessoais, em que eles conseguem desenvolver relacionamentos que duram anos, com pessoas mesmo fora da empresa.

A influência dos meios de comunicação no Brasil

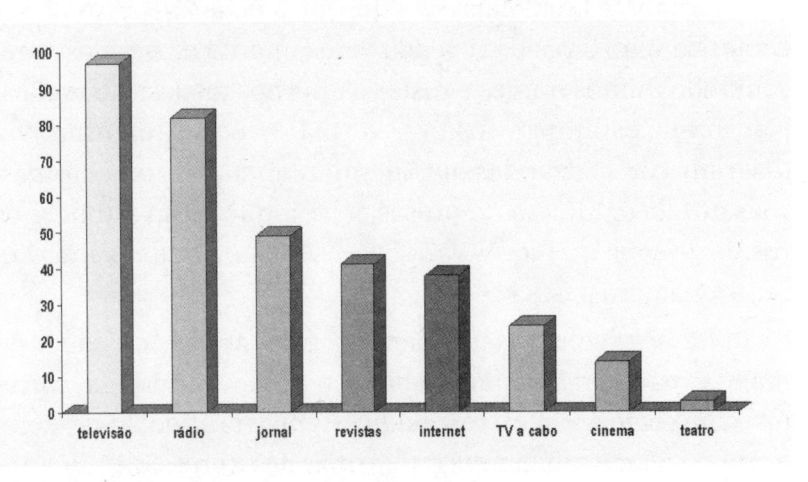

A televisão atinge 97% da população a partir dos 10 anos de idade; o rádio, 82%; o jornal, 49%; as revistas, 41%; a internet, 38%; a TV a cabo, 24%; o cinema, 14%; o teatro, 3%.
Fonte: Ipsos-Marplan, 2009.

Há aqueles que sentem necessidade de fazer parte de um grupo. Este sentimento de equipe é importante mas difícil de instilar entre as grandes forças de vendas porque as distâncias impedem a interação social entre eles, ensina o professor Derek Newton, da Universidade de Virgínia, nos Estados Unidos. Uma *newsletter* (carta de notícias) mensal bem produzida, especialmente criada para a força de vendas, resolveria parte do problema.

O que é, afinal, uma *newsletter*?

É uma publicação que deve conter notícias da unidade de negócios, promoções, casamentos, nascimentos, feitos excepcionais de vendas, tudo para incentivar os sentimentos de "fazer parte", reconhecimento e orgulho.

Para fazer uma *newsletter* de sucesso, o conteúdo técnico e informações sobre produtos devem ser mantidos, além de conteúdo social e de relacionamento pessoal, ao máximo. O que é isso? É falar da equipe de vendas além do trabalho, mas sem cair no pieguismo.

O jornalista Luiz Malavolta diz que a *newsletter* tem de ser remetida para a residência do representante de vendas apresentando muitos nomes e rostos e uma boa disposição gráfica. Não basta estampar rostos 3 x 4. É preciso ter uma boa diagramação e legendas que identifiquem cada uma das pessoas em foco. Muitas empresas acham que basta publicar os rostos de seus melhores vendedores, o que pode resultar em um verdadeiro pastiche.

Se for bem solucionado, bem dirigido, até nos cuidados de mandar para o destinatário com seu nome e endereço corretos, com certeza o bom resultado estará garantido. Mas, como a arte de falar é ainda uma das formas de expressão mais antigas e não banidas do nosso convívio, seria interessante aperfeiçoar esse instrumento. É o que veremos a seguir.

A boa oratória

Tem gente que pensa que falar é fácil.

Uma das atribuições mais constantes do líder no âmbito das ações comunicativas é falar para grupos, ao gerenciar reuniões, administrar conflitos, promover debates, representar a empresa, negociar com clientes internos e externos, participar de eventos, realizar palestras, ministrar aulas, apresentar projetos; em suma, vender ideias ou produtos e traduzir a imagem pública da organização.

Um orador não é apenas uma pessoa ativa; quem o ouve não são apenas pessoas passivas. Quando falamos, os nossos ouvintes não só reagem com inteligência e compreensão, mas também com sentimentos, emoções, preconceitos, convicções, crenças e lealdades. Estão também tentando compreender o que dizemos, associam a nossa imagem com a experiência passada e recordam o que se tem dito.

A seleção dos fatos, as ideias e a ordem em que elas são apresentadas deverão ser determinadas pelo grau de inteligência, de experiência e de informação que o ouvinte já possui. Ao simples fato "informação" deverão juntar-se quaisquer outros fatos ou ideias que o orador considera pertinentes em virtude das características emocionais do ouvinte, dos seus conhecimentos, crenças e atitudes.

O medo de falar em público está presente em grande parte dos executivos, embora eles conheçam perfeitamente o conteúdo das explanações profissionais que necessitam fazer. Esse medo torna-se patológico quando impede que o executivo aceite convites para ministrar palestras, conferências ou aulas. Diante desse sentimento, pode-se escolher entre recusar-se a falar ou preparar-se para administrar os medos e as inibições.

A consultora Eunice Mendes diz que a coragem de falar para grupos não é a virtude de quem não tem medo, mas, sim, a força daquele que caminha, apesar dele. Negar-se à chance de vencer o medo é descaracterizar a probabilidade de crescimento individual. Além disso, não é possível poupar-se sempre: a mesma entrega é condição para a ousadia de tentar.

É preciso considerar que uma parcela mínima da população nasce com o dom da eloquência, do domínio verbal e não verbal, com o talento inato de convencer multidões, com carisma, magnetismo pessoal, poder de persuasão apaixonada, movendo o público à ação imediata. Esses gênios da comunicação transfiguram-se no "palco" e sobrevivem nas retinas e nas memórias dos espectadores. Entretanto, para a maioria das pessoas, a excelência nas comunicações será resultado da preparação técnica e comportamental, de um planejamento estratégico, que formule e concretize em conjunto de ações, que efetivarão apresentações convincentes, seguras e criativas.

A arte da comunicação em grupos pode e deve ser desenvolvida e aprimorada. A formação de um comunicador mais capaz e hábil exige coragem para a autoanálise, identificação das barreiras que impedem a evolução das habilidades comunicativas, bem como o planejamento, organização e execução de um plano de trabalho que viabilize a excelência das comunicações verbais e não verbais.

O domínio desse processo permitirá a construção de uma imagem compatível com o perfil do líder moderno. As palavras, os gestos e os atos formam nosso rosto social. É importante, pois, ser e parecer ser o melhor em cada ofício. Essa imagem pode tornar-se o centro vital do sucesso. Outra coisa: não esquecer que se fala também ao telefone, e é disso que vamos tratar a seguir.

O telemarketing

Quando a recepcionista diz um prosaico "alô" ela pode mostrar que tem a voz mais linda do mundo, mas do ponto de vista de negócios o que mostrou foi uma ineficiência sem fim. Atendentes ou telefonistas com auxílio da tecnologia podem tornar clientes e consumidores fiéis à marca.

Como a concorrência é forte, melhor é acompanhar a modernidade para não perder o bonde da história. O atendente é a porta de entrada de uma empresa, e se o cliente fica satisfeito, torna-se fiel.

Um mau atendimento telefônico influencia sempre a imagem corporativa da empresa, contribuindo até para a queda dos lucros. Ao tirar o fone do gancho naturalmente se tenta fazer negócios.

Má dicção, timbre desagradável, grosserias, tudo isso tem de ser evitado. Um pequeno empresário com sotaque espanhol bastante acentuado fez um curso no Sebrae comigo e pediu conselho. A primeira coisa que o aconselhei foi que ele não atendesse na empresa, mas que contratasse uma telefonista. Inicialmente ele disse não estar entendendo o porquê. Disse-lhe que nossa língua era a portuguesa, e que ele nem sempre deveria ser bem compreendido, já que falava outra língua que não a nossa. Uma empresária que também fazia o mesmo curso de comunicação empresarial respondeu dizendo que eu estava sendo preconceituoso, falou no Mercado Comum do Cone Sul (Mercosul), "uma realidade", segundo ela, e acrescentou que não via nada de mau no fato de alguém falar espanhol e não português ao telefone. No dia seguinte (a aula era dividida em dois dias, com 15 horas ao todo), ao final da aula, o próprio aluno e a moça que havia falado em "preconceito" acabaram concordando comigo, pois eles haviam consultado outras pessoas em suas empresas e elas tinham o mesmo ponto de vista.

Para o jornalista Ricardo Antunes, o problema desse pequeno empresário é que ele não dava a devida importância ao telemarketing receptivo, deixando de considerá-lo tarefa vital no desempenho da empresa para, muitas vezes, tratá-lo como um incômodo.

O consultor alemão Gunther Greff fez uma pesquisa em seu país e descobriu que na Alemanha 20% das ligações eram perdidas porque ninguém atendia depois dos dez toques. Como a linha estava sempre ocupada, 33% das pessoas ligavam duas vezes, mas ninguém atendia ou o encarregado não estava. Metade das empresas que atendem reclamações tratam de maneira grosseira seu cliente e outra metade atende de maneira educada e profissional. Outra constatação: se o cliente tem um problema específico, três em cada quatro funcionários não sabem exatamente a quem passar a chamada. No caso de reclamações, metade dos que atendem o telefone não revelam seu nome e preferem ficar no anonimato. Em 85% dos casos os clientes não são tratados pessoalmente ou são confundidos.

Nos Estados Unidos a situação não fica muito atrás, observa o empresário Raúl Candeloro, editor da revista *Técnica de Venda*. Não adianta nada gastar fortunas em anúncios, só para depois perder a venda porque seu telefone estava ocupado ou a secretária estava de mau humor. Com um mercado cada vez mais concorrido e exigente, sobreviverão as empresas que se destacarem pela qualidade com que tratarem seus clientes, começando pela maneira como atendem ao telefone.

Quantas vezes não ouvimos ditados do tipo "em boca fechada não entra mosca"? A boca aberta é que pode abrir a possibilidade de negócios.

O efeito boca a boca

A divulgação informal e espontânea que alguém faz, de um produto ou serviço, para outras pessoas tem um nome. É antigo, existia antes mesmo da comunicação ter se estruturado como disciplina de marketing. É o chamado boca a boca.

O jornalista e publicitário Helcio Emerich conta que os precursores da propaganda oral foram os vendedores que percorriam com suas carroças o velho oeste dos Estados Unidos oferecendo tônicos rejuvenescedores. Por aqui os mascates iam de lombo de burro para o sertão e vendiam agulhas, pentes, pó de arroz e todo objeto de desejo da época.

Pergunta-se ainda hoje, com a massificação sem precedentes da mídia impressa e eletrônica, se esse tipo de propaganda faz sentido. O próprio Emerich é quem responde que não só faz, como se transformou numa técnica que pode ser "gerenciada" pelo anunciante. É que muitos consumidores dispostos a comprar um produto não gostam de perder tempo pesquisando informações impressas em anúncios, catálogos e folhetos. Eles preferem ouvir usuários do produto ou *experts* cuja opinião acaba influenciando sua decisão de compra.

Alguns especialistas afirmam que o boca a boca é mais eficiente do que comerciais na TV. As pessoas não costumam admitir que foram influenciadas pela propaganda, mas um consumidor satisfeito não se inibe ao falar bem de um produto para amigos, parentes ou colegas, que por sua vez contam para outras pessoas. Essa espécie de corrente da felicidade não tem fim, mas convém não esquecer que a cadeia funciona da mesma maneira no sentido inverso.

Nem sempre um consumidor faz sua escolha com base em fatores científicos, técnicos ou racionais, mas movido por avaliação essencialmente subjetiva ou emocional. O que valoriza, de certa forma, quem já adotou um produto, um serviço ou uma marca, já que os publicitários consideram que a opinião é mais convincente do que o fato.

Qual é, afinal, a estratégia para deflagrar uma ação do boca a boca? Muitas. A começar pelas iniciativas por parte da imprensa e dos centros de influência: lideranças de categorias sociais, profissionais, culturais e outras. A presença em eventos públicos, como feiras e exposições e, na propaganda, a clássica campanha testemunhal. O depoimento de uma mulher sobre um *airbag* que salvou sua vida num acidente de carro tem muito mais poder multiplicador de persuasão do que qualquer argumentação técnica sobre o equipamento. Convém, nesse caso, também não abusar, porque em muitos comerciais de sabão em pó utilizaram "depoimentos" de donas de casa tão irreais e forçados que podem, inclusive, desacreditar o produto.

A importância da vitrine

Vitrine pode não fazer as pessoas comprarem um produto, mas as levam para dentro da loja. Vitrinistas e criadores de visual merchandising de grandes grifes contam que não existe uma vitrine sem planejamento e sem uma mensagem subliminar. O objetivo de uma vitrine é despertar um desejo. Não basta só colocar peças bonitas. O trabalho de um bom vitrinista consiste em unir em um único espaço os fundamentos de conceito, público-alvo, coleção e estação. A estratégia utilizada para saber priorizar os itens que compõem uma vitrine é simples: o espírito da moda é passado por meio de uma cenografia, as peças são selecionadas para traduzir o que é e o que vai ser moda.

Vitrine é um meio de comunicação com o possível cliente. Atrair um cliente é uma ação imediata. São poucos segundos que se tem para chamar a atenção. Há truques que só os profissionais da área conhecem, como o de fazer com que o consumidor troque de lugar com o manequim, o melhor amigo da vitrine. Usa-se mais o manequim realista, pois o objetivo sempre é aproximar mais o bem de consumo ao consumidor.

Rodrigo Lico, especialista em marketing, diz que a grande maioria das compras é decidida diante de uma vitrine. Ele calcula que 70% das compras acabam acontecendo por causa dela, e em joalheria o índice sobe para 90%. Joias, relógios e produtos tecnológicos são tratados de maneira semelhante, como um sonho de consumo.

O diferencial que faz com que um novo cliente opte por entrar em determinada loja e não em outra é a vitrine. O efeito que este recurso de marketing exerce no poder de decisão do cliente é que o consumidor muitas vezes não tem convicção do que vai comprar e essa passa a ser uma opção, uma sugestão de compra.

O objetivo de uma vitrine é projetar a marca a um grupo de pessoas com quem ela quer se relacionar. E a loja é sua continuidade. Daí, se o consumidor entrar no espaço motivado por um determinado produto visto na vitrine e não for correspondido no interior da loja, ele se frustra e dificilmente a compra será efetuada.

Para agravar a situação, o consumidor vive hoje uma nova realidade, favorecida pela concorrência cada vez maior e por novas possibilidades de mercado. Isso torna os consumidores cada vez mais seletivos e exigentes. Portanto, cuidado ao lidar com as vitrines e, como em qualquer outra situação, contrate um profissional do ramo.

Marketing direto

Entende-se por marketing o processo pelo qual uma empresa coloca seus produtos e serviços num determinado mercado. Trata-se de um processo amplo e caro, uma vez que abrange desde a concepção dos produtos e serviços até seu atendimento por uma venda.

Marketing é como um guarda-chuva que, fechado, nem sempre dá uma ideia de como ele às vezes é enorme. O marketing representa um leque que vai da criação de uma necessidade até o efetivo atendimento desse desejo, passando pelas inúmeras etapas de planejamento, produção, lançamento, divulgação, venda e prestação de serviços. O marketing nunca vem só: aliado à informação, ele tem a conveniência de oferecer um produto diferenciado, de boa qualidade, por preço compatível.

O publicitário Luiz Fernando Furquim explica que o plano de marketing da empresa deve envolver características do produto que vão identificá-lo no mercado e determinar se ele atenderá ou não às expectativas do consumidor. Além dos atributos próprios do produto, é importante que ele seja bem apresentado ao público. Ou seja, que tenha um *design* moderno e funcional e uma embalagem atraente, que o diferencie dos concorrentes.

O marketing bem utilizado promove um salto qualitativo no desempenho da empresa. A marca de um produto é muitas vezes mais lembrada e conhecida do que a razão social da empresa.

O chamado marketing de massa, veiculado em revistas, jornais e televisão, já não tem o mesmo retorno de alguns anos atrás. O custo do investimento não traz mais benefícios proporcionais para a empresa e está perdendo espaço para o marketing direto, mais eficiente. A maior eficiência desse tipo

"Orgulho norueguês"

Você pensa que o bacalhau é o orgulho nacional na Noruega? Pois está enganado. Um arame retorcido, útil e prático tem mais cartaz do que o famoso bacalhau da Noruega.

O norueguês Johann Vaaler, que viveu no final do século XVIII, procurava alguma coisa capaz de manter unidas suas folhas de papel. Faltava um material adequado, suficientemente maleável para juntar o calhamaço de Johann.

Na segunda metade do século XIX, o arame de aço passou a ser produzido em maior quantidade, e como era possível moldá-lo em vários formatos, parecia ideal para o invento do norueguês. Johann Vaaler criou vários tipos de clipe, e até hoje, que se saiba, não se inventou outro modelo.

Nessa época, na Noruega, não havia um órgão de patentes, e Johann Vaaler acabou registrando seu invento na Alemanha. Isso em 1900.

Os noruegueses têm tanto orgulho dessa criação que mandaram erguer um monumento em homenagem ao clipe e a seu inventor. É um clipe gigante que está na cidade de Oslo, erguido em 1989. Na Segunda Guerra Mundial, os integrantes da resistência antinazista da Noruega fixavam na lapela do casaco um clipe como símbolo de patriotismo e da união dos países contra as forças de ocupação.

Outro orgulho norueguês é Jostein Gaarder, nascido em Oslo, em 1952, professor de filosofia no ensino secundário. Em 1986, dedicou-se à literatura infantil e sua consagração internacional veio em 1991 com a publicação de *O mundo de Sofia* – romance da história da filosofia, que ganhou o mundo e o aclamou definitivamente.

de comunicação se deve à sua capacidade de atingir o público-alvo das empresas. Quando bem utilizado, tem uma relação custo-benefício melhor que a do marketing de massa.

Lembro-me de meu pai atrás do balcão da mercearia conversando com seus fregueses, numa época em que começavam a aparecer os supermercados. Era um atendimento personalizado. É a comunicação direta de que falam os publicitários.

Para funcionar, o marketing direto depende da existência de uma lista de consumidores em potencial. A lista, chamada de base de dados, deve incluir o maior número de informações para permitir a seleção de consumidores em potencial de compra para o produto a ser oferecido. Uma ação de comunicação direta que não identifica o grupo propenso a consumir o produto pode gerar custos maiores que as receitas. Quanto mais criteriosa é a seleção, menor o gasto.

Entre os conceitos importantes de marketing direto está a noção de unidade familiar em detrimento do indivíduo. É mais importante saber o consumo de toda uma família do que apenas de um membro dela. Assim, por exemplo, quando a mãe vai ao supermercado, ela compra produtos que serão consumidos pelos filhos.

Os resultados, porém, não são imediatos. Novamente, é preciso ter paciência. Montar uma base de dados e criar parâmetros eficientes para a seleção de clientes é uma tarefa demorada, mas que dá certo.

A força de um jornal

Sonhadores, uma turma de jornalistas resolveu um dia fazer um jornal com notícias somente de um círculo pequeno de pessoas descendentes de uma ilha japonesa, Okinawa, de onde meus avós um dia saíram para viver no Brasil, não mais retornando. Fizeram um jornal em formato tabloide, e os seus 7 mil exemplares foram enviados por uma mala-direta bem pesquisada.

À frente do jornal, o jornalista Humberto Kinjô escreveu um editorial no primeiro número dizendo que, como todo projeto que nasce de um vago ideal, o *Utiná News* surgiu antes da estrutura. E assim foi feito e ganhou as ruas. Só que a repercussão foi tão grande que surpreendeu seus editores.

Uma manhã, o dono de uma imobiliária foi surpreendido por um telefonema. Alguém queria comprar uma casa, algo não muito caro, afinal, e dizia que não era milionário, e que estava telefonando de Marília, interior de São Paulo. Havia anos esse suposto cliente queria comprar uma casa, só que não tinha um corretor de confiança, e soube pelo jornal que o dono da imobiliária era um parente seu. Foi então que ele percebeu que havia chegado a hora de comprar a casa em São Paulo. E adivinhe quem escolheu para a transação imobiliária?

Giba também anunciou no jornal seu negócio, o Churrasquinho do Giba. Seus amigos de Campo Grande, Mato Grosso do Sul, ficaram sabendo que ele houvera aprendido a lição e que estava até com negócio montado. O presidente de uma entidade social de Vila Alpina, zona leste de São Paulo, fez contato com seus parentes de Santo André e amigos de Guarulhos, trocando cartas e telefonemas com outros de Araraquara, São José dos Campos e Brasília.

O jornalista José Carlos Salvagni, nascido e criado no Rio Grande do Sul e vivendo em São Paulo, um dia também sentiu saudade dos amigos e parentes e resolveu, por conta própria, fazer um jornal dirigido a esse público. Bancou sozinho o informativo *Entre Amigos* e o resultado foi surpreendente. Recebeu tantas cartas que levou alguns dias para responder a todas elas. Ficou emocionado. Descobriu que a comunicação é sempre uma caixinha de surpresas.

Alguém com espírito de Júlio Verne algum dia imaginou que iríamos negociar pelas ondas de satélite? É nesse rendoso negócio que vamos navegar a seguir.

Negócios na internet

As novas tecnologias alteraram de maneira significativa o marketing das empresas. Não poderia ser diferente. O telefone levou 40 anos para começar a ser usado por 10 milhões de consumidores e 74 anos para alcançar 50 milhões de consumidores em todo o mundo. O rádio demorou 38 anos; o computador pessoal, 16; e a web, apenas 4 anos. Para se ter uma ideia dessa revolução ao longo dos tempos, lembramos que a notícia da morte de Abraham Lincoln levou 13 dias para chegar à Europa; a internet alcançou 10 milhões de pessoas em apenas 5 anos. O jornalista Fernando Pesciota adora esse exemplo.

Ao mudar rapidamente a maneira de trabalhar, de estudar ou de divertir, essa revolução na tecnologia da informação criou bases de uma nova economia. No mundo todo não se fez outra coisa a não ser pensar em como tirar proveito da explosão *on-line*. Até 1994 a internet era uma zona não comercial. Criado pelo Departamento de Defesa dos Estados Unidos para manter sua rede de computadores conectada em caso de ataque nuclear, o sistema havia evoluído e se transformado em uma rede na qual pesquisadores do governo e de universidades podiam trocar mensagens e dados pelo computador. O governo norte-

-americano decidiu então sair da internet e permitiu que ela fosse desenvolvida por empresas privadas.

Jeffrey Preston Bezos, personagem do ano 1999 da *Time*, pensou que poderia ser um dos primeiros a entrar no comércio eletrônico. Tornou-se o homem de ouro da web. Passou a pesquisar companhias de encomendas pelo correio, acreditando que produtos com boa saída no mercado também poderiam ser vendidos pela internet. Fez uma lista dos 20 artigos mais vendidos e procurou saber qual deles seria o de maior valor aos consumidores. No caso, o que os consumidores mais desejavam: variedade, conveniência e preços baixos. Pensou que, se não pudesse criar algo de peso os consumidores, certamente continuariam optando pela "moda antiga", e a melhor maneira para isso seria criar algum serviço que seria inviável de outra forma. Foi aí que entraram os livros.

Numa convenção de livreiros realizada em Los Angeles, Bezos descobriu que os livros eram o artigo com o maior banco de dados do planeta, listados até mesmo em CD-ROM. Ele saiu de lá com a certeza de criar uma livraria *on-line*.

Convenceu a família, os amigos e investidores a acreditarem na venda de livros via internet. Resultado: em maio de 1996 a Amazon era assunto da primeira página do *Wall Street Journal*.

As consoantes de Amazon formam em inglês a abreviatura da palavra *amazing*, que significa "admirável". Mais: pelo rio Amazonas, com seus incontornáveis afluentes, uma metáfora ideal para uma companhia que hoje vende de tudo, de ferramentas elétricas a CDs, e que continua querendo crescer cada vez mais. Com sua livraria virtual, tornou-se um líder do império do novo varejo eletrônico. E, por falar em varejo, que tal seguirmos nessa linha, contando experiências no setor?

Um grande negócio para pequenos

É cada vez maior o número de pequenas e médias empresas que oferecem seus produtos e serviços na internet. A tecnologia permite uma democratização jamais vista em toda a história do comércio. Na rede mundial de computadores, empresas de todos os portes concorrem praticamente em pé de igualdade na disputa pelo consumidor. Programas específicos e empresas especializadas em gerenciar *websites* levam as pequenas e médias empresas a disputar, de igual para igual, o mercado da rede mundial. Acabou a diferença entre pequena ou grande empresa.

No Brasil há 15 milhões de pessoas com acesso à internet, contingente que deixa o país em 11º no mundo em número de usuários da rede, de acordo com pesquisas de 2009 da Score Networks. Os Estados Unidos lideram o ranking de países com mais internautas, seguidos pela China e Japão.

Em uma tela de computador, podem-se fazer grandes negócios.

Há aproximadamente 1 bilhão de internautas em todo o mundo. O total de documentos digitalizados na web dividido pelo número de habitantes do planeta (6,76 bilhões de pessoas) daria para cada ser humano se postar ao lado de uma pilha de livros de 32 metros de altura, algo como um edifício de 9 andares.

Há um crescimento de 16% de internautas no Brasil quando o crescimento global fica em 10%. O número de usuários no mundo acima de 15 anos é de 747 milhões e os sites mais acessados são os de busca, a começar pela Microsoft, seguidos do Google (510 milhões), Yahoo! (468 milhões), Time/Warner (262 milhões) e eBay (249 milhões).

O mercado oferece vários produtos específicos para o *e-commerce* que podem transformar o estabelecimento – pequeno, médio ou grande – num vendedor empresarial virtual, colocando seus produtos e serviços à venda em todo o planeta.

É possível reduzir custos de operação, facilitar a vida do cliente e se expor, dirigir-se ao mercado. Isso ajuda a gerar demanda por produtos e serviços, melhorando a comunicação e o manejo de pedidos. Mais do que uma vantagem, operar na rede tornou-se uma questão de sobrevivência, e, se ainda não é assim para todos, esse dia ainda vai chegar antes mesmo de qualquer previsão a respeito.

O pequeno e o médio empresário devem saber, no entanto, que não basta colocar uma página na internet para entrar no mundo do comércio eletrônico. É preciso fazer contato com empresas especializadas em criar e gerenciar *websites*. Por meio delas é possível fazer um planejamento, desenvolver uma página levando-se em conta o perfil do cliente, hospedar o site e uma série de outros serviços. Consumidor virtual não perdoa falhas. Afinal, a sua empresa está distante de outra apenas por um clique.

Quem parte para o negócio da internet precisa de uma retaguarda. Um mínimo de qualidade. Já ouviu falar em logística? De nada vale expandir o mercado e conquistar novos consumidores se você não tiver estrutura para dar conta dos pedidos. Da embalagem à entrega, o empresário que resolve se lançar no mercado virtual necessita estar preparado para atender esse público, que muitas vezes supera expectativas. A comunicação nesse caso é mais do que vital, e deve ser encarada como ferramenta de gestão – exatamente como os grandes o fazem.

Uma aventura de sucesso no mundo do *e-commerce*

O pequeno, o médio ou o microempresário tornaram-se iguais ao megaempresário nesse mundo virtual. Nem sempre é preciso investir grande soma em dinheiro para implantar sistemas eficientes do comércio eletrônico. Muitas vezes a imaginação é algo mais precioso do que o capital. Tudo depende dos pontos da empresa, do sistema já existente e da estrutura física. Ou da criação disso tudo com a dosagem certa.

Márcio Cardial, diretor de marketing da editora Segmento, conta um caso real dos dias em que estamos vivendo, de grandes e profundas transformações. A loja de motos *off-road* WebRacing investiu cerca de 10 mil reais – sem contar com o estoque de produtos – para iniciar um negócio. Inicialmente, um pequeno negócio, mas que tomou formas que vocês já vão perceber.

Marcos Medeiros e Sérgio Tetziaf eram dois dos 40 mil participantes de enduro do país, o esporte praticado por motoqueiros que fazem trilha. Enduro é um mercado que cresce 50% ao ano desde 1995, e viram nisso um grande potencial de novos negócios. Marcos é administrador de empresas, e Sérgio, um amante da web. Pensaram muito naquilo que os unia, ou seja, queriam fazer do agradável algo útil. Viram que não havia no país, exceto nos grandes centros como São Paulo, lojas de equipamentos e acessórios para motociclistas *off-road*.

Montaram um site voltado para a movimentação desse comércio com mercadoria e público específicos. Tudo foi feito profissionalmente, nada de economizar aqui e ali. Sabem aquele argumento de que meu sobrinho desenha maravilhosamente? Você já deve ter ouvido isso muitas vezes. Elogie o rapaz, dê os parabéns pelo talento dele, mas deixe-o em paz, não arrisque nenhum tipo de negócio com ele. A empresa foi contratada para criar o site, movimentar pedidos e operar o sistema de entrega, tudo por gente do ramo, como deve ser. E funcionou como um relógio. O site vinha recebendo cerca de 300 visitas por dia.

O sistema era atualizado sempre, o que provou que a comunicação é sempre uma ferramenta essencial em negócios. Deixou de ser um simples apêndice do setor financeiro para se tornar essencial numa linha de gestão empresarial. Dois pequenos empresários trilhavam o caminho do *e-commerce* usando a comunicação para alavancar seus negócios, grandes negócios, aliás.

De cara nova

O bar Rancho Nordestino, na Bela Vista, bairro central paulistano, não ia muito bem, financeiramente. Raimundo Nonato de Oliveira, o proprietário, ficou triste vendo o seu Bar do Norte, como era mais conhecido, definhar a cada dia. Foi ao Sebrae buscar soluções e contou sua história.

Raimundo trabalhava como garçom no restaurante Almanara, de comida árabe, e era freguês do Rancho Nordestino, onde tomava caldo de mocotó e umas pingas. O dono do Rancho Nordestino perguntou se ele queria comprar o bar e ele respondeu que não podia. Pensou melhor, em seguida sacou seu fundo de garantia, vendeu uma perua Kombi, tomou algum dinheiro emprestado e fez uma sociedade com um irmão. E ainda ficou devendo dois anos, que pagou devagarinho. É um bar simples, vende apenas bebidas e petiscos como carne de sol e jabá. Depois de um tempo ele comprou a parte do irmão.

Um dia Raimundo notou que o bar estava cheio, mas por um pessoal que consumia pouco. Um dos antigos fregueses sugeriu a Raimundo que procurasse o Sebrae, onde ele encontraria crédito, orientação e assessoria. Ele ficou de pensar no assunto. No dia seguinte um de seus habituais fregueses, formado em economia, disse que "na crise atual" quem não tivesse criatividade iria quebrar.

Raimundo ligou uma coisa com a outra e pensou: se ele não tivesse criatividade, seria preciso encontrar alguém criativo.

O consultor do Sebrae informou-o de que, do jeito que as coisas estavam, a situação iria piorar, e a freguesia, escassear cada vez mais. O bar tinha uma má aparência, só que Raimundo nem percebia porque estava lá todos os dias. Primeira providência: retirar as garrafas sujas que estavam dependuradas. Ele mesmo achava que pegava bem, pois era uma coisa antiga, que fazia parte da tradição do bar. Mas o consultor orientou-o a mudar tudo, reformar. Mandou trocar o piso, colocar toalha nas mesas, capa nas cadeiras, trocar a geladeira enferrujada. Mas como fazer tudo isso se ele estava devendo?

Ao tentar crédito pelo Sebrae, Raimundo não teve êxito. Resolveu arriscar por conta própria. O que imaginou que iria custar, digamos, 4 mil reais, na verdade custou o dobro.

Mas surtiu efeito. A reforma fez com que aumentasse a clientela, agora com diferente poder aquisitivo. Raimundo mandou instalar telefone público no bar, imprimiu cartão de apresentação, encomendou um projeto visual, um desenho que mandou pôr nas cadeiras e nos aventais dos garçons, e contratou uma assessoria de imprensa para divulgar o nome do seu bar. O jornalista Assis Ângelo achou que os resultados do trabalho da assessoria de imprensa foram "excelentes".

Enquanto isso, alguns restaurantes paulistas se uniam para desenvolver um projeto batizado de Kinderê, que visava a recreação e esportes de moradores ao lado da escola de samba Colorados do Brás, na zona leste paulistana. Bares e danceterias criavam o projeto Travessia, com o objetivo de dar ensino profissionalizante e assistência às crianças. Foram campanhas vitoriosas.

Um negócio das mil e uma noites

O primeiro negócio foi o restaurante de comida árabe cujos proprietários, devido ao grande sucesso, resolveram montar uma fábrica de alimentos. Quatro anos depois, a fábrica ganhou vida própria graças a uma estratégia de varejo que fez com que os resultados surgissem na caixa registradora. Esfirras, que ainda são grafadas "esfihas" nas tabuletas, e quibes ganharam um sabor a mais: uma ação coordenada nas áreas de produção e distribuição mais a parceria com o varejo. Um verdadeiro sucesso.

Pensou-se que os supermercados deveriam absorver a maior parte da produção da fábrica. Lançaram-se embalagens mais simples, com quantidades menores. Foi contratado um gerente comercial para coordenar as equipes de vendas. E os vendedores perceberam aquilo que todo pequeno e microempresário sabem muito bem – que o trabalho tem que ser feito corpo a corpo. Há todo um segredo pela briga nas gôndolas e na arte da promoção, e é aí que entra o trabalho de marketing localizado, aquele feito no local da mercadoria, onde ela tem de se tornar visível aos olhos de quem tem milhares de ofertas à sua frente. Um eventual erro pode comprometer todo o trabalho.

As vendas dos produtos foram se multiplicando. São Paulo, Rio de Janeiro e Porto Alegre foram os centros escolhidos como alvo. Mas o interior paulista também foi visado. De 1,3 milhão de empresas de São Paulo, 97% eram pequenas e micros, e 65% desses empreendimentos estavam no interior do estado. Pensaram em chegar a Brasília, onde a empresa vendia apenas sob encomenda.

Os proprietários comemoraram a assinatura de contrato com a rede Carrefour de supermercados para fornecer a mercadoria em escala nacional. Por enquanto, os produtos estavam em fase de teste em uma única loja da multinacional francesa. Se a aceitação fosse boa, esperava-se um salto na ordem de 50%, um grande negócio.

"E o marketing em nível nacional?", perguntarão vocês. O problema é que tem de se fazer tudo por etapa. Primeiro, deve-se arrumar a casa, depois distribuir o produto, para não frustrar o consumidor e, por último, divulgá-lo. Mesmo que ele tenha todo aquele mistério saído das mil e uma noites.

O tradicional cafezinho na era do marketing

Quem circulou pelas ruas de São Paulo em determinada época certamente bebeu naqueles copinhos plásticos um cafezinho bem quente, trazido numa garrafa térmica sobre um carrinho de feira puxado por uma moça. Ela recebia o dinheiro, dava o troco e, depois, apressada, sumia nas esquinas. Microempresárias, elas tocavam seus negócios desde a compra do pó, a feitura no tradicional coador de pano, pagavam pelos pontos e fugiam dos fiscais que, na realidade, pouco se importavam com elas. Manuel Bandeira misturava o café à lembrança de mulheres e de tempos idos.

Trazido em 1727 para o Brasil, o café honrou o país com o título de "o maior exportador mundial", seguido de longe pela Colômbia. Um dia o grão fez fortuna de muitas famílias paulistas, mineiras e paranaenses. O nosso maior comprador ainda são os Estados Unidos. Curiosamente, a americana Sara Lee lidera o mercado brasileiro ao administrar marcas como Café do Ponto, Seleto, União, Pilão e Caboclo. Além dela, são 1,6 mil torrefadoras com mais de 2 mil marcas, muitas exclusivamente regionais, empresas de todos os portes quanto ao faturamento, volume de vendas, esses dados que fazem a delícia de todos os negócios.

A segunda maior torrefadora do país, a Melitta, que ficou conhecida inicialmente como produtora de linhas de filtros de papel e acessórios, se empenhou em fazer com que o café torrado e moído fosse o responsável por 60% de suas vendas totais. Para isso, utilizava estratégia de marketing para investir no setor, um volume que representa algo em torno de 4 milhões de reais. Equipes da fábrica passaram a promover degustações em dezenas de pontos de venda distribuídos por todo o país. Num sistema de rodízio, esperava-se atingir até 80 lojas por mês – isso tudo calçado por uma campanha publicitária em todos os meios de comunicação.

A torrefadora procurou alguns restaurantes para promover a degustação de outro tipo de café, com grãos produzidos apenas em São Paulo, apresentado como alguma coisa muito especial. Esperava-se com isso atingir o público jovem. Constatou-se que esse público-alvo costuma consumir o cafezinho no ambiente de trabalho. Como chegar a esse pessoal é o grande desafio que todo publicitário tem pela frente. Por isso mesmo, muitos costumam dizer que o trabalho de um publicitário é constituído mais por suor do que propriamente por inspiração. O publicitário Adelpho Ubaldo Longo é um deles: diz que não basta ter uma grande ideia, é preciso trabalhar a marca, formular conceitos, transformar hábitos como esse de tomar a bebida feita por um grão que chegou a justificar a existência de uma estatal federal, o Instituto Brasileiro do Café (IBC) (1952-1992), cuja finalidade era, em tese, executar a política cafeeira nacional. O instituto foi extinto e ninguém se deu conta.

Como se pode ver, o café permite a expansão de negócios de todos os portes (micros, pequenos, médios ou grandes) nesta terra de oportunidades.

Uma brincadeira que deu certo na vida real

A vida do pediatra Ricardo Sayon foi sempre cheia de surpresas. Certo dia, sua mulher trouxe-lhe a péssima notícia de que uma loja que eles alugavam (uma joalheria) havia sido lacrada por oficiais de justiça, pois o inquilino havia falido. Na época, ele era sócio de alguns estacionamentos e de uma empresa de informática. Pensou em juntar os negócios num só tipo de atividade e sugeriu à esposa que ela mesma montasse algum tipo de comércio. Mas que negócio?, perguntou a fonoaudióloga Juanita, e o marido respondeu com a primeira coisa que vem à cabeça de um pediatra que vivia integralmente a profissão: "Não sei bem o quê, mas tenta algo para vender chupeta, mamadeira e bola", sugeriu. Por brincadeira, a mulher batizou a loja de Ri (de Ricardo) e Happy ("feliz" em inglês, achando que era assim que o marido iria ficar).

Estávamos nos anos 1990 e a maioria dos produtos era fabricada pela Estrela. Os negócios, no entanto, não foram bem na nova loja de brinquedos. Desolado, o médico olhou para a mulher e deu a receita: "Vamos encerrar o negócio; nós devolvemos o volume mais pesado e o restante doamos para uma instituição de caridade". Procurou um diretor da fábrica de brinquedos, que o ouviu pacientemente para responder com uma espécie de proposta: "O senhor não vai fechar a loja. Se ela não vai bem é porque o senhor não sabe administrá-la. Temos necessidade de mais pontos de venda e de pessoas assim; por isso, vamos ajudá-lo a administrar os seus negócios, pois nossa meta é vê-lo crescer".

Revista promocional das lojas

E lá se foram 16 anos de prática de medicina pediátrica em período integral. Com o apoio da fábrica de brinquedos foi assinado um acordo de compromisso para a abertura de três novas lojas ao ano. Hoje são, ao todo, 51 lojas em todo o país, com 1.000 funcionários.

"Crescer é fácil, duro é sustentar, manter esse crescimento", ensina Ricardo Sayon. Sempre procurando criar algo novo em suas lojas, com orgulho, diz que foi o primeiro lojista a vender brinquedos pela internet. E ainda criou lojas nas quais as crianças brincam, fazem experimentos e degustam – sempre muito à vontade. Conta que crê numa espécie de lição baseada na vida real: "Os brinquedos possibilitam às crianças crescerem de verdade". A educadora Solange Veras, dona da escola infantil Criando e Rindo, na Vila Formosa, zona leste de São Paulo, concorda.

Marketing ecológico

Edward L. Bernays era um gênio. Para estimular a venda de toucinho defumado de determinado cliente conseguiu que os médicos recomendassem refeições matinais substanciosas. É o que fazem até hoje os americanos médios. Para vender malas, deu um jeito de arrumar depoimentos de pessoas da soçaite, alegando que uma mulher, mesmo que fosse para uma visita de fim de semana mais informal, deveria levar pelo menos três vestidos.

Os gênios do Pan American Coffee Bureau viram que, durante a Segunda Guerra Mundial (1939-1945), era hábito tomar cafezinho. Lançaram uma campanha afirmando que o café melhorava o moral, aumentava a eficiência e reduzia a fadiga.

Agora, que tal fazermos uma viagem ao interior paulista e ouvir os casos com sotaque levemente caipira?

A Rede Enxuto de supermercados tinha lojas em Campinas, Cosmópolis, Limeira, Piracicaba, Araras e Rio Claro – cidades do interior de São Paulo. Utilizava duas bandeiras, Enxuto e Micro Preço. Um dia acordou para a mudança. O processo iniciou-se com a contratação de uma nova agência de publicidade que construiu um *slogan*: "No mínimo, você leva mais". Foi um sucesso na comunicação da empresa. Para isso, a rede investiu 2% do faturamento em mídia.

No ponto de venda também houve mudança. O mercado Enxuto aboliu a peixaria, pelo menos da forma como tradicionalmente era administrada. Nasceu a seção Peixes/Frutos do mar, um sistema em que os peixes (já limpos) eram expostos em *freezers* verticais e horizontais. Aboliram assim o cheiro de peixe da seção e aumentaram as vendas.

O departamento de recursos humanos passou a exigir o primeiro grau completo para os candidatos a vagas na empresa.

Isso mexeu com todo mundo. Vários gerentes decidiram voltar para o banco escolar e continuar seus estudos. Os mais exagerados fizeram pós-graduação.

Entre as iniciativas para manter clientes fiéis, a rede faz pesquisa para saber o que os consumidores gostariam de encontrar na loja. Sempre que possível procuram atender às sugestões com agilidade.

Pelo menos uma vez ao ano a rede de supermercados Good Bom, de Sumaré, interior paulista, fazia um evento unindo esporte e ecologia. Isso mostrou uma excelente iniciativa de marketing.

A Caminhada Ecológica, como foi batizado o projeto, era resultado de uma parceria com a prefeitura local. Visava incentivar o reflorestamento de uma extensa área de mananciais da cidade.

Os participantes saíam do estacionamento da loja e iam a pé até a represa que abastecia a cidade, em cuja margem plantavam mudas de espécies nativas. Nada mais ecologicamente correto.

Como as vendas eram fortemente concentradas nos sábados, os supermercados Good Bom resolveram fazer promoções durante a semana nas suas várias seções. Começaram na mercearia na segunda-feira, seguida por padaria, açougue, hortifrútis e frios, e laticínios na sexta-feira, respectivamente.

Os supermercados Barão, de Campinas, passaram a vender verduras naturais, sem agrotóxicos. O mais importante é que as mercadorias eram resultado de produção própria, com adubação feita com reciclagem de compostos orgânicos provenientes do próprio estabelecimento comercial.

Outra rede de supermercados do interior paulista, Galassi, com três lojas, utilizou o marketing como ferramenta para a conquista de mais clientes. Foi formado o Clube Amigos Galassi, com 12 mil sócios cadastrados. Uma vez sócio o cliente recebe uma carteirinha que o identifica. Toda vez que passar pelo caixa, pagando com tíquete, cartão de crédito, cartão de banco, cheque ou dinheiro, ele somará pontos, habilitando-se a participar de promoções especiais e exclusivas.

Foi criado um folheto, Amigos Galassi, no qual eram publicadas fotografias de clientes. Depois de impressas, as fotos eram ampliadas, ganhavam moldura e integravam a decoração da loja. Os clientes passaram a adorar essa distinção. O sucesso foi tão grande que até foi criado um *slogan* para o clube: "Para os amigos, tudo".

Uma loja de materiais elétricos em Curitiba adotou uma ideia proposta por uma revista paranaense, *Grandes Ideias em Marketing*.

A cada 15 reais em compra o cliente ganhava 4 vales-transporte. O movimento da loja dobrou. Ao final de um mês de promoção o faturamento passou de R$ 15 mil para R$ 23,8 mil, revelou o proprietário da loja.

O jornalista Chico Júnior lembra que no Rio de Janeiro a rede de supermercados Casas Sendas promoveu em conjunto com o Centro Brasileiro de Defesa dos Direitos da Criança e do Adolescente uma campanha para ajudar a encontrar crianças desaparecidas. Dois milhões de encartes com ofertas de produtos e fotos de crianças desaparecidas na capa foram distribuídos. Na televisão a Rede Globo fazia campanha semelhante. Em pouco tempo foram encontradas algumas crianças cujas fotografias foram estampadas nos folhetos. Só esse fato justificou todo o investimento da rede de supermercados.

A seguir, vamos falar da criatividade em um setor importante de nossa economia e como ela construiu esse plano.

A construtora e a feijoada

O carnaval na Bahia se faz com trios elétricos, foliões e, pelo menos, uma centena de empresas que cada vez mais apostam na festa para divulgar a sua imagem. Começou com empresas locais até chegar a nomes de grandes corporações, como Asia Motors, Marlboro, O Boticário, Maxitel e Sorriso. A prefeitura de Salvador fez um estudo que mostrou que há uma boa razão para os patrocinadores entrarem na folia: quem investiu em cotas de patrocínio teve retorno em veiculação na mídia eletrônica. Isso porque o carnaval baiano esteve sob holofotes das redes de televisão, por ser uma atração internacional.

Em meados da década de 1980, o Copacabana Palace estava decadente, os apartamentos, feios, e a idade média dos garçons era de 65 anos de idade. O jornalista Gilberto Di Pierro, o Giba Um, foi convidado pelo empresário José Eduardo Guinle para incrementar a imagem do edifício, que imediatamente o batizou de "Mr. Copa". Ele acabou na primeira página da mais importante publicação de negócios no Brasil à época. Um dos andares estava sendo reformado, o que fez com que aparecesse na imprensa com matérias destacando sua recuperação e seu *glamour*. Os bailes de carnaval voltaram. Recuperaram-se as histórias dos hóspedes ilustres criando-se datas de interesse às pautas em jornais e revistas, como "No final da década de 1950, Ava Gardner jogava uma cama pela janela do Copa à piscina". Como as verbas para publicidade eram curtas, na mesma época foi criada a primeira festa de fogos de artifício em Copacabana, que virou tradição, sendo transmitida até hoje pela televisão.

Numa tentativa de atrair novos clientes para também novos empreendimentos, o mercado imobiliário paulista investiu em promoções diferentes daquelas distribuições de folhetos em esquinas nos finais de semana. Se comprar um imóvel era uma das principais decisões da vida de uma pessoa, por que não tomá-la durante uma boa refeição, no caso, uma feijoada com caipirinha numa praia?

É que em certa época as prestações dos financiamentos da compra de um imóvel novo estavam muitas vezes mais baixas do que o valor do aluguel de um imóvel do mesmo padrão, pois os preços estavam cada vez mais competitivos. A situação estava favorável para o comprador. Só que as vendas caíam. Ninguém tinha dinheiro. As construtoras resolveram dar um "empurrãozinho" extra para convencer seus clientes a fechar o negócio.

Só que, em vez de levar os clientes para praias paradisíacas da Bahia ou do Guarujá, algumas imobiliárias paulistanas promoveram feijoadas no local onde estavam sendo construídos seus prédios, no caso, no bairro do Morumbi, zona sul de São Paulo. Convidaram casais que já haviam comprado imóveis no empreendimento, e disseram que eles podiam levar dois casais amigos para a festa. Casais de amigos que em sua maioria pertenciam à mesma classe social dos compradores. Clientes em potencial, imaginava-se. Afinal, acreditam os empresários do ramo imobiliário, não há ninguém melhor para fazer propaganda do que alguém que já comprou um apartamento.

Outra ideia foi levar centenas de compradores para assistir a um recital de uma soprano e um pianista no local das obras. Ao som desse recital, havia quem desconfiasse desse tipo de promoção, achando que um imóvel só precisava de bom preço, boa localização e preços acessíveis para o cliente.

A jornalista Teresinha Leite Matos lembra que outras construtoras, porém, apostavam também em serviços. Os moradores de uma construção na mesma zona sul de São Paulo tiveram direito à mudança gratuita e uma diária em hotel de luxo. O cliente marcava o dia, orientava a empresa de mudança e levava sua família para usufruir todo o conforto de um hotel cinco estrelas. Ao chegar à sua nova casa, encontrava-a prontinha para morar. Faz-se de tudo para garantir a clientela...

CAPÍTULO III
Pensando bem...

Napoleão, um gênio... do marketing

O número de livros escritos sobre Napoleão Bonaparte é uma grande controvérsia até hoje: fala-se em 200 mil; outros dizem 500 mil; mas certamente é o grande biografado depois de Jesus Cristo. Todo mundo conhece o louco, o excêntrico, o grande estrategista, o gênio, capaz de posar com gestos tresloucados, mas que deixou marcas na história. Figura controvertida, recebeu aplausos e vaias ao longo do tempo.

O cemitério Père Lachaise (atualmente o mais disputado em Paris) era uma desolação ao ser inaugurado, em 1803. O general e imperador da França queria que os parisienses levassem seus mortos para lá. Mas o cemitério na época ficava muito longe. Foi aí que Napoleão recorreu a golpes de marketing para fazer com que os parisienses levassem seus mortos para lá.

Napoleão ofereceu a companhia póstuma de escritores, como Molière e La Fontaine, e a de um dos casais de amantes mais célebres da história, Abelardo e Heloísa, da Idade Média. Ele, um quarentão, filósofo, professor, e ela com 17 anos (alguns historiadores falam em 12 anos), sua aluna. Só que Abelardo se apaixonou e engravidou Heloísa. O tio da menina imaginou que Abelardo a rejeitava. Mandou castrá-lo. Heloísa se refugiou em um convento e ali permaneceu. Os dois se tornaram religiosos e trocaram cartas de amor até a morte. Depois deles, mais de 1 milhão de pessoas foram enterradas no mesmo cemitério.

O escritor irlandês Oscar Wilde, em companhia do cantor de *rock* norte-americano Jim Morrison e a cantora de ópera Maria Callas se encontram no mesmo local, ao lado dos também ilustres Rossini, Chopin, Bizet, Modigliani, Delacroix, Gustave Doré, Appolinaire, Proust, Gertrude Stein, Collete, Sarah Bernhardt, Isadora Duncan, Edith Piaf, Allan Kardec, e tantos outros. Junto a um dos muros externos do cemitério foram fuzilados 147 revolucionários da Comuna Esquerdista de 1871, a última guerra francesa; mas essa já é outra história.

Tem mais?

Como você pôde ler (se é que leu todo o livro) não há forma ou fórmula capaz de fazer alguém virar notícia, estar na mídia, expor-se. Há vários caminhos, e é o que procuro mostrar ao longo do livro. Não basta apenas ter verba, dinheiro; isso pode resolver muitas coisas, mas não tudo. É preciso muito mais. É preciso ir além da imaginação (tá vendo o que perdeu não lendo todo o livro?).

É como a venda de um produto, literalmente falando. Um craque neste assunto, o vendedor Cláudio Di Sevo, como exemplo, mostrou uma garrafa térmica e disse que ensinava seus alunos no Serviço Nacional de Aprendizagem Comercial (Senac) que podemos ter aí uma garrafa térmica simplesmente, mas que deveríamos ter outros caminhos. É preciso ver algo mais do que uma garrafa térmica. Ela tem alça? Sua rosca é sinônimo de vedação total? Funciona? Não funciona? O material utilizado na sua fabricação é reciclável? Tudo isso deve ser levado em conta. Um bom vendedor enxerga além do que nossos olhos captam na superficialidade. Ir além é sempre um desafio.

Tudo pode ser velho, mas é como nas festas de Natal, no clima de fim de ano: todo ano parece que algo de novo está vindo. A roupagem é nova, e mesmo que o produto não seja tão novo é preciso passar a ideia de que o que se expõe na vitrina o é. Porque ninguém gosta de repetir nada, e a originalidade é sempre bem-vinda. Você já imaginou se todos fôssemos iguais em tudo? O mundo não ia ter a mínima graça.

No item publicidade todo meio de comunicação está aí para o que der e vier, pois quem paga é que tem razão. Pagou-se, tem-se a certeza da publicação. Já na parte editorial a coisa muda de figura, porque a imprensa julga ocupar um lugar de destaque na sociedade, funcionando como uma espécie de guardiã da moral. É que a imprensa não vende uma mercadoria como qualquer indústria. Ela tem uma função social. A imprensa apresenta novidade, e o empresário também pode estar apresentando novidade. Aí é que entra tudo aquilo que foi escrito. (Ah! Você ainda não leu este livro inteirinho? Deveria fazê-lo, ainda dá tempo!)

Os desafios, como você viu, são tantos, e os caminhos, tão intrincados, que é possível chegar à conclusão de que tudo pode (e deve) ser conquistado. Afinal, nada vem de bandeja, como um presente dos céus. Não há milagres nem fórmulas quando o tema é comunicação. (Não leu? Aviso: acabou.)

Glossário de mídia externa

A empresária de comunicação Giselle F. Mocarzel publica mensalmente a revista *Sinal Extensivo*, dirigida ao setor. Um dia ela teve a ideia de compilar os principais termos utilizados pela mídia exterior. Com a supervisão do jornalista Antoninho Rossini, colunista de publicidade da Rádio Bandeirantes, outro especialista na área, podemos formar um glossário de termos técnicos. Este glossário vai ser útil no seu dia a dia.

Abrigo de ônibus: abrigos colocados em pontos de ônibus e transportes que incorporam mensagens publicitárias. Eles fazem parte do mobiliário urbano.

Balões blimp/infláveis: material promocional em forma de balões inflados e instalados em pontos aéreos ou sobre superfícies de água, contendo mensagens publicitárias. Podem ser de diversas formas e tamanhos.

Banners: estandartes montados em lona, tecido ou outro material, destinados às campanhas publicitárias e veiculação de mensagens. Na internet *banner* significa mensagem publicitária.

Comunicacão visual: trabalho de padronização de conceitos, padrões, logotipos, etc., em diversas modalidades, anúncios ou peças publicitárias.

Corda luminosa: usada na decoração urbana e de fachadas em geral, ela substitui os painéis de néon com vantagens de custo e facilidade de instalação; emprega um cordão de microlâmpadas alimentadas por corrente elétrica e envoltas em um tubo de PVC flexível, que permite acompanhar a arquitetura de um lugar e criar desenhos de todos os tipos.

Display: é uma peça publicitária destinada a facilitar a venda do produto (uma forma de comunicação visual). Em supermercados, é o local, geralmente perto do caixa, onde os produtos ficam expostos. Funciona como ponto de venda.

Fachadas/toldos: apelo de comunicação visual que emprega toldos, lonas, néon, etc.

Banner e display

Faixas: causam grande impacto visual, seja em uma inauguração, liquidação, exposição, feira ou evento cultural. Uma faixa ajuda a anunciar um produto, com ampla variedade de cores e sem limite de tamanho.

Luminosos/*backlights*/*frontlights*: podem ser classificados como luminosos toda peça que contenha mensagens publicitárias e seja iluminada. *Backlights* são compostos de uma caixa de metal com área central transparente, onde são aplicadas mensagens publicitárias iluminadas por meio de lâmpadas colocadas internamente na caixa. *Frontlights* possuem iluminação dianteira em vez de traseira, como os *backlights*.

Luminosos/néon: peças construídas com tecnologia de luz néon, que utiliza gás néon em tubos coloridos.

Mídia em táxi: mensagens publicitárias veiculadas em laterais, traseiras, na parte superior ou interna dos táxis. Tendem a crescer ainda mais em nosso mercado.

Mídia metrô: todo tipo de manifestação de comunicação visual feita por meio de mensagens publicitárias colocadas em estações e trens metropolitanos (interna ou externamente).

Faixa e mídia em táxi

Outdoors: placas de mensagens publicitárias montadas sobre estruturas de madeira e ferro onde são aplicadas folhas de papel em determinada ordem, formando a mensagem, normalmente veiculada a cada quinzena.

Painéis carretinha: painéis publicitários rebocados por veículos.

Painéis eletrônicos: sistemas formados por *leds* luminosos, semelhantes a telas de televisão, formando mensagens publicitárias dinâmicas e em cores.

Painel *indoor*: painéis publicitários instalados dentro dos estabelecimentos comerciais.

Painel rodoviário: mensagens publicitárias instaladas ao longo das rodovias.

Painel de parede/empenas cegas/murais: podem ser instalados diretamente em paredes ou em lonas ou placas que recobrem a lateral dos edifícios, comerciais ou artísticos.

Outdoor da agência Odois Propaganda e Marketing, painel de parede e empena

Placa de rua/logradouro/orientador: placas com mensagens comerciais instaladas sobre postes de sinalização nas ruas.

Placas/letreiros: podem ser classificados como placas de letreiros toda peça que contenha mensagem publicitária produzida em madeira, aço e outros materiais.

Placares eletrônicos e poliesportivos: transmissão dinâmica de informações, feita por equipamentos computadorizados que criam ambiente agradável e amigável para diversos segmentos esportivos.

Ponto de venda (PDV): local próximo a gôndolas e prateleiras em lojas, supermercados, etc., onde estão colocados dispositivos (*displays*) de diversos tipos (papelão, arame, eletrônicos, etc.) com o objetivo de incentivar o consumo de determinado produto.

Propaganda em ônibus: mensagens veiculadas através de vídeos, televisores ou painéis colocados nas laterais, traseiras de ônibus e porta interna (gravadas em *silk-screen*, impressões digitais e outros). Atualmente já se "envelopa" o ônibus inteiro com vinil normal e/ou perfurado.

Publicidade em frotas de ônibus, caminhões: adesivagem ou colocação de filmes especiais de empresas com mensagens publicitárias, institucionais e outras.

Propaganda em ônibus e placa de rua

Protetores de árvores: estrutura confeccionada em plástico, arame ou outro material capaz de proteger mudas de árvores em logradouros públicos, ruas e avenidas. Recebem mensagens nas laterais. Fazem parte do mobiliário urbano e alguns até consideram um tipo de propaganda ecológica.

Recorte de vinil autoadesivo: processo de sinalização rápida com o uso de *plotters,* que recortam o vinil no formato desejado para adesivagem em frotas, *banners* que "vestem" fachadas de prédio, ônibus ou táxis.

Relógios publicitários: equipamentos digitais ou não digitais que informam hora, temperatura, entre outras mensagens, além de terem espaço reservado para veiculação de mensagens publicitárias.

Sign-maker/**sinalizacão**: profissional que trabalha com comunicação visual e sistemas de sinalização computadorizada.

Sinalização de ambiente: todo elemento de comunicação visual que tem como objetivo transmitir informação aos usuários da empresa. Ao entrar num hospital você logo vê sinais de solo e aéreos indicando a direção a ser seguida.

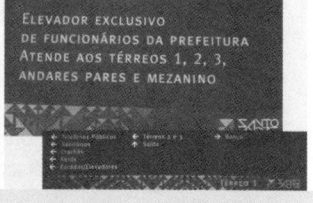

Protetor de árvore, relógio publicitário e sinalização de ambiente

Sinalização em sistema modular arquitetônico: realizada em prédios, escolas, hospitais, etc., por meio de módulos especialmente criados e práticos, com encaixes e medidas padrão. Atualmente, em grandes cidades (como São Paulo), se discute uma legislação sobre o uso desse sistema que seja compatível com a paisagem urbana.

Sinalização em vidros: pode ser realizada em frotas (caminhões, ônibus ou táxi) ou em vitrinas. Nestas, aumenta a visibilidade de negócios pelos passantes, atraindo-os para o interior da loja. Já para os veículos, mantém a visibilidade do exterior.

Sinalização viária/horizontal: são marcas na pista, rua ou rodovia. Esses sinais desenhados nos pavimentos são importantíssimos. Dividem-se em faixas de pedestres, de retenção e faixas nas vias.

Testeira: é a frente, a dianteira, a parte nobre da gôndola, a prateleira dos supermercados.

Triedros (trifaces): caixa de metal que contém um dispositivo composto de três lâminas giratórias, onde são adesivadas mensagens publicitárias. Ao se deslocarem simultaneamente, formam a mensagem publicitária. A peça permite a exibição de até três mensagens diferentes.

Sinalização em sistema modular arquitetônico

SENAC SÃO PAULO
REDE DE UNIDADES

CAPITAL E GRANDE SÃO PAULO

Centro Universitário Senac Campus Santo Amaro
Tel.: (11) 5682-7300 • Fax: (11) 5682-7441
E-mail: campussantoamaro@sp.senac.br

Senac 24 de Maio
Tel.: (11) 2161-0500 • Fax: (11) 2161-0540
E-mail: 24demaio@sp.senac.br

Senac Consolação
Tel.: (11) 2189-2100 • Fax: (11) 2189-2150
E-mail: consolacao@sp.senac.br

Senac Francisco Matarazzo
Tel.: (11) 3795-1299 • Fax: (11) 3795-1288
E-mail: franciscomatarazzo@sp.senac.br

Senac Guarulhos
Tel.: (11) 2187-3350 • Fax: 2187-3355
E-mail: guarulhos@sp.senac.br

Senac Itaquera
Tel.: (11) 2185-9200 • Fax: (11) 2185-9201
E-mail: itaquera@sp.senac.br

Senac Jabaquara
Tel.: (11) 2146-9150 • Fax: (11) 2146-9550
E-mail: jabaquara@sp.senac.br

Senac Lapa Faustolo
Tel.: (11) 2185-9800 • Fax: (11) 2185-9802
E-mail: lapafaustolo@sp.senac.br

Senac Lapa Scipião
Tel.: (11) 3475-2200 • Fax: (11) 3475-2299
E-mail: lapascipiao@sp.senac.br

Senac Lapa Tito
Tel.: (11) 2888-5500 • Fax: (11) 2888-5577
E-mail: lapatito@sp.senac.br

Senac Nove de Julho
Tel.: (11) 2182-6900 • Fax: (11) 2182-6941
E-mail: novedejulho@sp.senac.br

Senac – Núcleo de Idiomas Anália Franco
Tel.: (11) 3795-1100 • Fax: (11) 3795-1114
E-mail: idiomasanaliafranco@sp.senac.br

Senac – Núcleo de Idiomas Santana
Tel.: (11) 3795-1199 • Fax: (11) 3795-1160
E-mail: idiomassantana@sp.senac.br

Senac – Núcleo de Idiomas Vila Mariana
Tel.: (11) 3795-1200 • Fax: (11) 3795-1209
E-mail: idiomasvilamariana@sp.senac.br

Senac Osasco
Tel.: (11) 2164-9877 • Fax: (11) 2164-9822
E-mail: osasco@sp.senac.br

Senac Penha
Tel.: (11) 2135-0300 • Fax: (11) 2135-0398
E-mail: penha@sp.senac.br

Senac Santa Cecília
Tel.: (11) 2178-0200 • Fax: (11) 2178-0226
E-mail: santacecilia@sp.senac.br

Senac Santana
Tel.: (11) 2146-8250 • Fax: (11) 2146-8270
E-mail: santana@sp.senac.br

Senac Santo Amaro
Tel.: (11) 3737-3900 • Fax: (11) 3737-3936
E-mail: santoamaro@sp.senac.br

Senac Santo André
Tel.: (11) 2842-8300 • Fax: (11) 2842-8301
E-mail: santoandre@sp.senac.br

Senac Tatuapé
Tel.: (11) 2191-2900 • Fax: (11) 2191-2949
E-mail: tatuape@sp.senac.br

Senac Tiradentes
Tel.: (11) 3336-2000 • Fax: (11) 3336-2020
E-mail: tiradentes@sp.senac.br

Senac Vila Prudente
Tel.: (11) 3474-0799 • Fax: (11) 3474-0700
E-mail: vilaprudente@sp.senac.br

INTERIOR E LITORAL

Centro Universitário Senac Campus Águas de São Pedro
Tel.: (19) 3482-7000 • Fax: (19) 3482-7036
E-mail: campusaguasdesaopedro@sp.senac.br

Centro Universitário Senac Campus Campos do Jordão
Tel.: (12) 3688-3001 • Fax: (12) 3662-3529
E-mail: campuscamposdojordao@sp.senac.br

Senac Araçatuba
Tel.: (18) 3117-1000 • Fax: (18) 3117-1020
E-mail: aracatuba@sp.senac.br

Senac Araraquara
Tel.: (16) 3114-3000 • Fax: (16) 3114-3030
E-mail: araraquara@sp.senac.br

Senac Barretos
Tel./fax: (17) 3322-9011
E-mail: barretos@sp.senac.br

Senac Bauru
Tel.: (14) 3321-3199 • Fax: (14) 3321-3119
E-mail: bauru@sp.senac.br

Senac Bebedouro
Tel.: (17) 3342-8100 • Fax: (17) 3342-3517
E-mail: bebedouro@sp.senac.br

Senac Botucatu
Tel.: (14) 3112-1150 • Fax: (14) 3112-1160
E-mail: botucatu@sp.senac.br

Senac Campinas
Tel.: (19) 2117-0600 • Fax: (19) 2117-0601
E-mail: campinas@sp.senac.br

Senac Catanduva
Tel.: (17) 3522-7200 • Fax: (17) 3522-7279
E-mail: catanduva@sp.senac.br

Senac Franca
Tel.: (16) 3402-4100 • Fax: (16) 3402-4114
E-mail: franca@sp.senac.br

Senac Guaratinguetá
Tel.: (12) 2131-6300 • Fax: (12) 2131-6317
E-mail: guaratingueta@sp.senac.br

Senac Itapetininga
Tel.: (15) 3511-1200 • Fax: (15) 3511-1211
E-mail: itapetininga@sp.senac.br

Senac Itapira
Tel.: (19) 3863-2835 • Fax: (19) 3863-1518
E-mail: itapira@sp.senac.br

Senac Itu
Tel.: (11) 4023-4881 • Fax: (11) 4013-3008
E-mail: itu@sp.senac.br

Senac Jaboticabal
Tel./Fax: (16) 3204-3204
E-mail: jaboticabal@sp.senac.br

Senac Jaú
Tel.: (14) 2104-6400 • Fax: (14) 2104-6449
E-mail: jau@sp.senac.br

Senac Jundiaí
Tel.: (11) 3395-2300 • Fax: (11) 3395-2323
E-mail: jundiai@sp.senac.br

Senac Limeira
Tel.: (19) 2114-9199 • Fax: (19) 2114-9125
E-mail: limeira@sp.senac.br

Senac Marília
Tel.: (14) 3311-7700 • Fax: (14) 3311-7760
E-mail: marilia@sp.senac.br

Senac Mogi-Guaçu
Tel.: (19) 3019-1155 • Fax: (19) 3019-1151
E-mail: mogiguacu@sp.senac.br

Senac Piracicaba
Tel.: (19) 2105-0199 • Fax: (19) 2105-0198
E-mail: piracicaba@sp.senac.br

Senac Presidente Prudente
Tel.: (18) 3344-4400 • Fax: (18) 3344-4444
E-mail: presidenteprudente@sp.senac.br

Senac Ribeirão Preto
Tel.: (16) 2111-1200 • Fax: (16) 2111-1201
E-mail: ribeiraopreto@sp.senac.br

Senac Rio Claro
Tel.: (19) 2112-3400 • Fax: (19) 2112-3401
E-mail: rioclaro@sp.senac.br

Senac Santos
Tel.: (13) 2105-7799 • Fax: (13) 2105-7700
E-mail: santos@sp.senac.br

Senac São Carlos
Tel.: (16) 2107-1055 • Fax: (16) 2107-1080
E-mail: saocarlos@sp.senac.br

Senac São João da Boa Vista
Tel.: (19) 3366-1100 • Fax: (19) 3366-1139
E-mail: sjboavista@sp.senac.br

Senac São José do Rio Preto
Tel.: (17) 2139-1699 • Fax: (17) 2139-1698
E-mail: sjriopreto@sp.senac.br

Senac São José dos Campos
Tel.: (12) 2134-9000 • Fax: (12) 2134-9001
E-mail: sjcampos@sp.senac.br

Senac Sorocaba
Tel.: (15) 3412-2500 • Fax: (15) 3412-2501
E-mail: sorocaba@sp.senac.br

Senac Taubaté
Tel.: (12) 2125-6099 • Fax: (12) 2125-6088
E-mail: taubate@sp.senac.br

Senac Votuporanga
Tel.: (17) 3426-6700 • Fax: (17) 3426-6707
E-mail: votuporanga@sp.senac.br

OUTRAS UNIDADES

Editora Senac São Paulo
Tel.: (11) 2187-4450 • Fax: (11) 2187-4486
E-mail: editora@sp.senac.br

Grande Hotel São Pedro – Hotel-escola
Tel.: (19) 3482-7600 • Fax: (19) 3482-7630
E-mail: grandehotelsaopedro@sp.senac.br

Grande Hotel Campos do Jordão – Hotel-escola
Tel.: (12) 3668-6000 • Fax: (12) 3668-6100
E-mail: grandehotelcampos@sp.senac.br